혼자 기대하고
상처받지 마라

NINGEN KANKEI NO NAYAMIGA NAKUNARU KITAI SHINAI SHUKAN
Copyright © 2024 Kentaro HAYASHI
All rights reserved.

Original Japanese edition published in Japan by Asahi Shimbun Publications Inc.
Korean translation edition published by Woongjin Think Big Co., Ltd. in 2025
Korean translation rights arranged with Asahi Shimbun Publications Inc.
through Imprima Korea Agency.

이 책의 한국어판 저작권은 Imprima Korea Agency를 통해
Asahi Shimbun Publications Inc.과의 독점 계약으로 웅진씽크빅에 있습니다.
저작권법에 의해 한국 내에서 보호를 받는 저작물이므로
무단 전재와 무단 복제를 금합니다.

혼자 기대하고 상처받지 마라

관계에 배신당하는 당신을 위한
감정 브레이크 연습

하야시 겐타로 지음
한주희 옮김

"기대는 모든 비극의 근원이다."

― 윌리엄 셰익스피어

들어가며

당신의 기대는
본능이다

여러분은 평소 마음에 들지 않는 사람 혹은 내 생각과 전혀 다르게 행동하는 사람 때문에 짜증이 나거나 분노를 느낀 적이 있지 않은가?

이런 짜증과 분노는 모두 지나친 기대 때문이다.

코칭 강사인 내 주변에는 매일 상담을 받으려는 기업의 과장, 부장 등 회사 임직원으로 가득하다. 그들이 상담 중 가장 많이 하는 이야기는 자신에 대한 인사 평가다. 그때마다 그들은 이렇게 말한다.

"이번에는 인사고과가 좋을 줄 알았는데…."

자기 딴에는 갖은 노력을 기울인 업무에 대해 남들에게서 좀 더 호의적인 평가나 칭찬의 말을 듣고 싶은 '기대'는 대부분의 리더라면 누구나 가슴속 한편에 간직한 '마음의 소리'일 터.

그리고 이런 리더뿐 아니라 사회생활을 하는 현대인이라면 앞에서 예로 든 인사고과처럼 일상에서 흔히 볼 수 있는 기대 외에도 이런 기대로 하루하루를 보낸다.

"저 사람은 잘할 줄 알았는데…."
"이번엔 계획대로 진행될 줄 알았는데…."
"이 매장에는 있을 줄 알았는데…."

이 이야기를 들으며 각자 마음속에 떠오르는 기대가 있을 것이다. 한번은 우리 집에 이런 일이 있었다. 아내와 외출했을 때의 일이다. 집에 가서 같이 먹을 생각으로 전부터 눈여겨본 전통 화과잣집에서 양갱을 하나 샀다. 그런데 예상보다 귀가가 늦어져 어차피 곧 저녁 먹을 시간이기도 하니 밤에 아이를 재우고 먹기로 했다.

그런데 그날 밤, 드디어 양갱을 먹을 수 있다는 생각에 잔뜩 기대에 부풀어 "이제 먹어볼까" 하고 나서자, 아내가 충격적인 말을 했다.

"앗, 깜빡하고 양치를 해버렸네."

그 말에 "뭐야, 모처럼 같이 오붓하게 둘만의 시간을 즐기려 했더니" 하는 불평은 입 밖에 꺼내보지도 못하고 양갱 먹는 걸 포기해야 했다.

이렇게 글로 쓰니 매우 사소한 일 같아서, 이 책을 읽는 독자는 아무것도 아닌 일이라 생각할 수 있겠지만 나에게는 굉장히 인상 깊은 순간이었다.

여러분은 이렇게 기대에 배신당해본 경험이 있는가? 인간은 모두 매일 사소한 기대를 쌓으며 살아간다. 그리고 대부분의 경우 그 기대에 몇 번이고 '배신'당하곤 한다.

기대하지 않고 사는 것은 불가능하다

그렇다면 기대만 하지 않으면 배신당할 일도 분노할 일도 없지 않으냐고 묻고 싶을 것이다.

이 책의 일본어 원제목은 『기대하지 않는 습관期待しない習慣』이다. 그렇다, 바로 '습관'이다. "기대하지 마!"라며 억지로 사고를 제어해야 한다고 주장하는 것이 아니다. 결론부터 말하면 고도의 수행을 거친 승려가 아니고서야 아무리 연습해서 기대하지 않는 습관을 만든다 해도 아예 기대하지 않을 수는 없다.

이 책에서 말하고자 하는 바는 "기대 없이 살아가자!"라는 게 아니다. 지나치게 기대하지 않는 습관을 만들어 기대와 더불어 살아가는 법을 배우자는 것이다. 이것이 이 책의 목표이자 '기대하지 않는 습관'이라는 제목을 붙인 이유다.

내가 20대일 때 중앙아프리카공화국에 출장을 간 적이 있다. 공항에서 다음 목적지인 파리로 가기 위해 에어아프리카 항공편을 예약했는데 출발 시간이 1시간이 지나고, 2시간이 지나도 다음 비행기가 오지 않았다. 어떤 안내도 하지 않고 비행기가 연착하는 것은 일본이라면 상상할 수도 없는 일이다. 당연히 탑승 수속 카운터에 승객들이 몰려가 장사진을 쳤을 것이다.

그런데 이때 함께 비행기에 탔던 아프리카 사람들은 화를 내지도 않고 새까만 밤하늘을 올려다보며 "보아하니 오늘은 안 뜨겠는데?", "내일에나 갈 수 있으려나?" 하고 느긋하게 여유를 부리며 하나둘 공항을 떠났다.

그 모습을 보고 '아, 이 사람들은 기대를 대하는 방식이 다르구나.'라고 생각했다. 교통기관이 시간표에 딱 맞춰 운행하는 것을 당연하게 여기는 일본인과는 교통기관에 대한 기대치, 즉 기대의 수준이 애초에 다른 것이다.

하나를 보면 열을 안다고 그들은 매사에 '기대를 벗어나는 일'을 일상다반사처럼 받아들이는 듯했다. 따라서 기대에 어긋나더라도 바로 기분을 전환해 실망할 일이 아니라 판단한 것이다. 바꿔 말하면 '기대와 거리 두는 법'을 아주 잘 아는 것이다.

기대하지 않는 습관을 들이지 못하더라도, 방금 사례처

럼 '어긋난 기대'에 어떻게 대처해야 하는지는 생각해봄 직한 부분이다. 즉, 어떻게 하면 기대를 잘 다룰지 생각하는 것이 삶의 지혜일지 모른다는 생각이 든다.

내 삶의 주도권을 쥐고 살아가는 법

이 책에서는 상대방에게 기대하며 일희일비하는 삶을 '타인에게 주도권을 넘겨준 삶'이라 하고, 상대방에게 과도하게 기대하는 원인을 알아보고 기대와 어울려 사는 방식을 '삶의 주도권을 쥔 삶'이라 정의한다. 또 기대하지 않는 연습을 통해 삶의 주도권을 쥐는 법을 배우면 인생이 자기 주도적으로 흘러갈 것이라고 이야기한다.

기대를 다루는 법을 배우는 것은 그 자체로 원활한 인간관계를 맺는 법을 배우는 일이기도 하다. 우리가 타인에게 갖는 기대 가운데 대부분은 인간관계에서 발생하기 때문이다.

만약 우리가 아무도 만나지 않고, 혼자서 자급자족하

며 살아갈 수 있다면 기대에 대해 깊이 고민할 일도 없을지 모른다. 그렇게 되면 '내일은 날씨가 맑았으면 좋겠다.'나 '화분에 심은 식물에 열매가 열렸으면 좋겠다.'처럼 단순히 생존 욕구에 기반한 기대만 존재할 것이다. 이에 반해 현대사회에서 우리가 갖는 기대의 대부분(내 생각에는 90퍼센트 정도 되는 듯하다)은 인간관계에서 기인한다.

따라서 기대를 다루는 법을 배우고 기대의 구조를 파악할 수 있게 되면 인간관계가 원만해지고, 그 결과 인생이 긍정적인 방향으로 흘러갈 것이다. 그러면 삶의 주도권을 쥔 삶과 더 나은 인간관계를 구축하고 삶의 질을 향상시켜 인생의 행복을 손에 넣을 수 있지 않을까?

이 책이 여러분의 기대를 대하는 방식에 변화를 가져오고, 인생의 질을 끌어올리는 데 기여하길 기대한다.

하야시 겐타로

● 차례

들어가며 당신의 기대는 본능이다   5

1장 ____ 과도한 기대가 당신을 힘들게 한다

기대는 멈출 수 없다	19
우리는 하루에 몇천 번이고 기대한다	23
왜 자주, 많이 바라는 걸까	28
타인의 바람에 부응하고 싶다면	33
기대의 반대는 무관심이다	37
보상을 기대하는 것은 요구다	41
기대는 관계 맺기의 기본이다	44

2장 ____ 당신의 기대는 왜 이루어지지 않을까

말하지 않으면 알 수 없다	51
기대는 숫자로 구체화하라	57
바람을 표현하는 네 가지 방법	62
속으로 쌓아두지 말고 밖으로 뱉어라	69

최종 목표는 모두의 행복	73
기대와 논쟁을 혼동하지 않기	78
적당한 기대가 원만한 관계를 만든다	82

3장 ____ 사람에게 기대하지 않는 연습

초급 편

인간은 타인에게 관심이 없다	89
아무리 말해도 25퍼센트만 전달된다	94
기대하는 범위를 설정하라	100
보답을 바라지 말고 기대하라	107
바라지 않을수록 마음이 편해진다	110
말의 강도를 조절하라	113

중급 편

말을 표면적으로 받아들이지 않기	118
그 사람의 입장에서 생각해보기	124
약속을 볼모로 잡지 마라	129
하지 않은 데는 나름의 이유가 있다	133

상급편

원래 기대는 이루어지지 않는다	138
모든 게 엉망이라는 오해 버리기	142
대가 없는 선의에 고마움을 전하라	148
타인의 기대를 멋대로 착각하지 않기	151

4장 ___ 기대는 줄이고 관계는 지키는 대화법

기대에 휘둘리는 사람의 말버릇	159
내 기분을 지키는 혼잣말 연습	163
과도한 기대를 피하기 위한 자문자답	166
회사에서 오해를 만들지 않는 대화의 기술	173
직장인을 위한 존중받는 말 습관	181
행복한 부부가 되려면 지켜야 할 것	186
부모와 자식 간에도 아끼며 말하기	191
가까운 친구일수록 단정은 금물	197
연인과 감정이 깊어지는 말의 힘	200
관계를 술술 풀어나가는 커뮤니케이션	207
기대에 배신당했을 때 흔들리지 않는 법	210
기대치가 높은 나를 치유하는 자기 돌봄	216

5장   기대를 이용해 더 좋은 인간관계 만들기

기대가 깨진 그때 다시 시작하라	227
지친 마음을 다스리는 관계의 기술	229
관계 구축은 경청이 먼저다	233
중립의 제스처를 의식하라	235
속마음까지 끌어내는 맞장구 스킬	238
다 안다는 말 대신에	241
대화는 항상 긍정적으로 마무리하기	244
때로는 충격을 주는 대화를 즐기자	247
멀티태스킹은 원만한 관계를 방해한다	250
기대받는 기쁨을 원동력으로 만들자	253

나오며 서로를 기대하고 응원하는 마음으로 살아가기   257

1장 과도한 기대가 당신을 힘들게 한다

인간관계나 일상생활에서 짜증이 나고 분노가 치밀게 하는 원인이 기대라고 하면 지금은 와닿지 않을지 모른다. 우리가 의식하지 못할 정도로 기대는 자연스러운 현상이다. 1장에서는 평소 어떻게 우리가 기대에 일희일비하는지에 대해 이야기한다.

기대는
멈출 수 없다

 우리가 일상에서 가지는 기대로 얻을 수 있는 것은 무엇일까? 이 책을 읽는 독자 여러분 중에는 분명 이런 막연한 의문을 품은 사람도 있을 것이다.

 1장에서는 기대하지 않는 습관을 배우기에 앞서 기대란 무엇인지, 즉 기대의 정체에 대해 함께 생각해보고자 한다. 우리는 왜 누군가에게 기대하고, 그 기대가 이루어지지 않으면 실망하면서도 계속 기대하는 걸까? 여기에서는 그 이유에 대해 샅샅이 파고들어볼 것이다.

 우선 우리가 알아두어야 할 사실은 기대란 인간의 본능

중 하나라는 것이다. 기대는 이성적인 사고라기보다 자신도 모르게 솟구쳐 오르는 감각에 가깝기 때문에 이성으로 컨트롤할 수 있는 영역이 아니다.

그리고 기대라는 것은 우리를 설레게도 하고, 이루어지지 않으면 슬프게도 하며, 우리로 하여금 어떨 때는 긍정적인 감정을, 어떨 때는 부정적인 감정을 느끼게 한다. 이처럼 보기 드물게 감정을 흐리게도 맑게도 할 수 있는 애물단지 같은 특징을 지닌 것이 기대이기도 하다.

기대라는 말을 들으면 여러분은 어떤 이미지가 떠오르는가? 내가 이 책을 쓸 때 친한 지인에게 "이번 책은 기대를 주제로 한 책이야."라고 말했더니, "음… 기대라. 맞아, 지나치게 기대를 많이 하는 일이 종종 있긴 하지."라고 답했다.

그의 이야기처럼 기대에는 '지나친 기대'라는 부정적 이미지나 '기대에 미치지 못하면 어쩌나.' 하는 불안한 이미지가 있는 듯하다. 바꿔 말하면 사람들은 대부분 기대를 다루는 방법에 대해 어떤 형태로든 고민하며 살아간다. 우리는 기대를 다루는 방법을 알지 못한 채 나이를 먹어간다고 하면 너무 지나친 말일까?

여기서 한 가지 중요한 사실을 말하자면 우리가 기대를 다루는 법에는 두 가지 입장이 존재한다는 것이다. 하나는 '기대를 거는 쪽'이고, 나머지 하나는 '기대를 받는 쪽'이다.

기대를 거는 쪽일 경우 '이 정도 기대에도 못 미친다고?'라고 생각할 것이고, 기대를 받는 쪽일 경우 '아니, 그렇게 멋대로 기대해버리면 어떻게 하라는 거야'라고 생각할 것이다. 이렇게 양쪽 입장을 오가며 관계성이 형성되기도 한다.

나는 『부정하지 않는 습관否定しない習慣』이라는 책을 썼는데, 집필 과정에서 지인들에게 기억에 남는 '상대방에게 부정당한 순간'에 대해 인터뷰를 했다. 그중에서 "빨리 손주 얼굴이 보고 싶다."라는 시어머니의 말에 괴로웠다는 이가 꽤 있었다.

시어머니 입장에서는 잊어버리면 그만인 사소한 말이었을지 모른다. 바꿔 말하면 '막연한 기대'라고 할 수 있다. 그러나 받아들이는 입장에서는 '왜 우리 가족계획에

참견을 하실까? 우리 사정도 모르시면서!' 하며 화가 치밀어 오를지 모른다. 이는 상대방에게 부정당했다는 느낌을 받도록 하는 메커니즘이기도 한데, 그 이면에 기대라는 충동이 존재한다. '그렇게 속없는 말 좀 하지 않았으면….' 하는 자기중심적 기대다. 다만 이 바람은 상대방에게 말로 가닿지 못하고 자기의 마음속에 뿌리를 내려 자라나며 오랫동안 기억으로 남는다.

우리는 '기대의 피해자'이기도 하며, 때로는 상황에 따라 반대로 '기대의 가해자'가 될 수도 있다. 자기도 모르게 이런 '1인 2역'을 해내는 우리는 어쩌면 기대라는 존재에 매번 휘둘리는지도 모른다.

왠지 기분이 개운치 않을 때 이면에는 상대에 대한 기대라는 충동이 숨어 있음을 기억해두길 바란다.

우리는 하루에
몇천 번이고 기대한다

　인간은 하루에 3만 5,000번에 달하는 '의사결정'을 한다는 이야기를 들어본 적 있을 것이다. '이제 슬슬 일어나볼까.', '아침밥으로 빵을 먹어야지.', '오늘은 코트를 입어야지.' 등 행동 하나하나에 의사결정이 포함되기 때문에 어쩌면 3만 5,000번이라는 숫자는 놀랍지 않은 수치일지 모른다.

　그렇다면 우리는 하루에 몇 번이나 기대라는 행동을 할까? 유감스럽게도 이와 관련된 의미 있는 연구 결과가 없어서 지인에게 하루 중 기대하는 순간을 빠짐없이 써달라고 부탁했다. 다음은 그렇게 해서 완성된 기대 목록이다.

'오늘은 날씨가 맑았으면….'

'부모님이 메시지에 답장을 하셨으면….'

'별로 춥지(덥지) 않았으면….'

'지하철(버스)이 제시간에 왔으면….'

'지하철(버스)이 한산해서 빈자리가 있었으면….'

'문 앞에 서 있는 사람이 얼른 비켜줬으면….'

'출근길에 들른 카페에서 마음에 드는 아르바이트생과 이야기 나눠봤으면….'

'늦은 게 아니었으면….'

'잔액이 부족한 교통카드를 충전하는 방법을 역무원이 친절하게 알려줬으면….'

'회의 좀 빨리 끝났으면….'

'누가 같이 점심 먹자고 해줬으면….'

'내 제안을 이사님이 마음에 들어 했으면….'

'고객 프레젠테이션이 잘 끝났으면….'

'원격 회의가 자꾸 끊기는데 전산 팀 직원이 빨리 고쳐

줬으면…'

'화상회의를 해야 하는데 상대방이 접속을 안 하네. 무사히 끝났으면…'

'오늘 점심엔 저 식당에서 먹었으면…'

오전 중 품었던 기대만 꼽아도 이렇게나 많다. 휴일에는 다음과 같은 기대도 추가된다.

'친구랑 조용히 이야기 나누고 싶은데 식당 직원이 조용한 안쪽 좌석으로 안내해줬으면…'

'길을 헤매지 않고 목적지까지 도착했으면…'

'이런, 길을 잃었어. 그렇다면 내가 지금 길을 물어볼 저 경찰관이 제발 친절하게 알려줬으면…'

'식당에서 예약자 이름을 말하니 점원이 고개를 갸웃거리네. 부디 예약이 제대로 됐으면…'

'사고 싶던 물건이 매장에 있었으면…'

'오늘 하루가 행복했으면…'

'식구들이 행복했으면…'

이런 기대도 있다.

'내가 보낸 편지는 잘 전달되겠지.'처럼 공공기관에 대한 기대.
'고급 레스토랑이니 최고의 서비스를 해주겠지.' 등 지불한 값에 대한 보상을 바라는 기대.

그뿐 아니라 무의식적인 기대도 있다.

'건강했으면….'
'병에 걸리지 않았으면….'
'사고를 당하지 않았으면….'
'지진 등 천재지변이 일어나지 않길….'

이렇게 일일이 꼽아보면 하루에 우리가 하는 기대는 상당수에 이른다. 알고 보면 인간은 자기의 의지와 상관없이 '기대와 공생하는 관계'인 것이다.
또 지인은 이런 말을 남겼다.

"생각해보니 강한 기대는 내가 어떠한 행동을 하며 다른 사람과 의사소통할 때 생겨난다는 사실을 깨달았어."

그렇다. 기대 이전에는 반드시 우리 외의 '사람'이 존재한다.

왜 자주,
많이 바라는 걸까

그러고 보면 기대와 '인간관계'는 떼려야 뗄 수 없는 관계처럼 느껴진다. 여기서 잠시 사람과 사람의 관계성 향상에 대해 짚고 넘어가보자.

코칭 수강생 중 모 기업의 재무 부장으로 일하는 분이 있다. 재무부에는 담당 업무별로 다섯 개 부서가 있고, 부서별로 과장이 있는데, 하루는 코칭 수업에서 이 사람이 고민을 털어놓았다.

"강사님, 실은 과장 다섯 명 중 한 명이 제가 기대한 만큼 업무 성과를 내지 못해서 고민이에요."

 내막을 자세히 물으니, 그가 말하는 과장은 6개월 전 인사이동으로 타 부서에서 온 사람인데 과장직을 맡은 건 이번이 처음이라고 한다. 열정만은 남부럽지 않으나 부서원들의 업무 분담과 관련된 의사소통에 서툴러 부서원들이 부장인 자신에게 직접 불만을 토로하거나 상담을 요청하기도 한다는 것이었다.
 실제로 업무도 지체되기 일쑤고, 그것에 대해 지적하면 "죄송합니다. 바로 시정하겠습니다."라는 말만 하고는 입을 꾹 닫고 있어 골치라고 했다.

"제 기준치가 너무 높은 걸까요? 과장이라면 응당 해야 할 만한 업무도 해결하지 못해서 부서원들 사이에 불만의 목소리가 나오니, 하루 라도 빨리 해임해야 하나 싶은 생각이 들기까지 하네요."

 내가 "그러시군요. 그럼 만약에 아무 제약이 없었다면

어떻게 하시겠어요?"라고 질문하자 그는 한 치의 망설임 없이 대답했다.

"그야, 어차피 같이 일하는 동료이기도 하니 함께 뭐라도 실적을 내서 기쁨을 나누고 싶죠."

이상적인 관계에 대해 생각하는 부장의 표정이 경직되어 있다가 점차 온화한 눈빛으로 바뀌는 모습이 인상적이었다. 그러고는 코칭 막바지에는 이런 이야기를 했다.

"저는 이제까지 업무를 처리할 때 효율을 우선으로 고려했는데, 이야기를 나눠보니 그 과장도 본인이 업무적으로 서투르다는 걸 어느 정도 알고 있는 듯하고, 이래저래 불안할 거라는 생각이 들었어요. 당연히 맡은 업무를 잘 처리하기 위해 성심성의껏 노력은 하고 있을 테고, 함께 일을 하다 보니 힘을 모아 성과를 내고 싶어 하는 마음이 전해지더라고요."

이는 기대에 상대와 공생하고 싶어 하는 '바람'이 담겨 있음을 보여주는 좋은 사례다. 이처럼 기대하는 마음 깊은 곳에는 함께하고 싶다는 소망, 협력해서 무언가 이루고 싶다는 마음 혹은 함께 행복하고 싶다는 꿈이 자리하고 있는 게 아닐까?

기대는 긍정적 사고방식에서 싹튼다

'기대를 제한하는 건 인생을 제한하는 것이다.'

이는 내가 생각한 말인데, 이 책을 읽는 여러분은 부디 '기대'에 큰 '기대'를 해주시길 바란다. 챗GPT에 따르면 티베트 불교의 최고 지도자 달라이 라마는 "기대는 사람과 사람을 연결하는 보이지 않는 실과 같다."라고 말했다.

또 혁신적인 기업가로 항공과 우주 분야 등 여러 방면에서 성공을 이룬 버진 그룹 창업자 리처드 브랜슨Richard Branson은 "상대에게 기대와 신뢰를 표함으로써 그 관계는 새로운 차원으로 발전한다."라는 말을 남겼다고 한다.

기대는 우리 마음의 날씨를 화창하게도 잔뜩 찌푸리게도 만드는 애물단지이긴 하지만, 이를 잘 활용하면 소중한 사람과의 유대 관계를 돈독하게 만들 수 있는 측면도 있음을 어렴풋이나마 깨달았을 것이다.

사람은 상대에 대한 바람이 있기 때문에 기대한다.

기대의 바탕에 숨어 있는 '바람'이란 무엇일까?

이 책을 읽으면서 이 질문에 대한 답을 각자 찾아보길 바란다. 기대의 정체가 '상대에 대한 바람'이라면 적어도 이는 긍정적 사고와 맞닿아 있다. 공동의 목표를 향해 '더 잘해내고 싶다.' 또는 '함께 성장하고 싶다.', '친밀한 관계를 맺고 싶다.', '관계를 유지하고 싶다.' 등 기대에는 긍정적 바람이 포함되어 있는 것이다.

타인의 바람에
부응하고 싶다면

 여기까지 읽었다면 '기대도 나쁘지 않다.'라는 생각이 들기 시작했으리라고 생각한다. 이쯤에서 '헌신 욕구'에 대해 이야기해보자.

 헌신 욕구를 상대의 기대(바람)에 부응하고자 하는 마음이라 가정해보자. 그리고 우리는 누구나 상대의 기대에 부응하고 싶다는 욕구를 지니고 있다.

 상대의 기대(바람)에 부응하고 싶다.

얼마 전 이 헌신 욕구의 원형을 잘 보여주는 일을 직접 경험하게 되었다. 일본 동북 지방으로 여행을 갔다 기념품으로 사 온 남부 센베이 과자를 가족과 함께 먹고 있던 때였다.

이 과자는 한 장씩 봉투에 담겨 있어서 먹을 때 비닐 쓰레기가 잔뜩 나왔다. 그러자 다섯 살 첫째 아들이 아무런 말도 하지 않았는데 자진해서 쓰레기통을 가져오더니 "여기"라며 가운데에 놓는 것이 아닌가.

내가 어떻게 쓰레기통을 가져올 생각을 했냐고 묻자 아이는 이렇게 대답했다.

"그야, 필요할 것 같으니까."

아이는 쓰레기통을 가지고 옴으로써 모두에게 도움이 되고 싶었던 것이다. 누군가 쓰레기통을 가져왔으면 좋겠다는 가족의 암묵적 기대를 감지하고 다들 기뻐할 거란 생각에 솔선수범해 행동으로 옮긴 것이다. 이것이 기대에 부응하고자 하는 헌신 욕구의 모습이다.

고슴도치 부모라 할지 모르지만 '이제 겨우 다섯 살인데 헌신 욕구를 느끼다니!' 하며 새로운 통찰을 발견한 순간이었다.

이 사례를 보고 '애들은 있는 그대로 표현할 수 있어서 부럽다.'라고 생각하는 사람도 있을지 모른다. 맞는 말이다. 앞서 말했듯 어른의 사회는 더 복잡하다. 다른 사람들이 좋아할 줄 알고 쓰레기통을 가져왔는데 필요 없다는 말을 들을 수도 있다.

'그러면 어쩌지.'
'괜히 마음에 상처만 받을지도 모르는데.'
'그냥 나서지 말자.'

이는 우리의 본능인 헌신 욕구와 이성 사이에서 일어나는 머릿속 갈등이라고 할 수 있다. 즉, 자기 자신과의 대화다. 사람들에게 도움이 되고 싶다는 본능적 욕구가 고개를 들어도 이제까지 쌓아온 경험에서 나오는 방어기제가 행동을 제약한다. 어쩌면 이는 발달이 아니라, 퇴화일지 모른다.

  어떻게 하면 헌신 욕구를 적절하게 발산하면서 다른 사람의 기대에 부응할 수 있을지 같이 생각해보자.

기대의 반대는
무관심이다

'이럴 바엔 처음부터 기대하지 말걸.'

여러분은 이런 생각을 해본 적 있는가? 이런 마음에도 없는 말을 누군가에게 해본 경험이 누구나 한두 번쯤은 있을 것이다(나는 한두 번보다 훨씬 많다).

이 또한 기대의 특징 중 하나이기도 하다. 자기도 모르게 상대방에게 지나치게 많이 기대하는 것이다. 심지어 무의식중에 말이다. 어떻게 하면 이런 현상을 막을 수 있을까?

이렇게 말하면 '그래, 역시 기대란 애물단지라니까.'나 '기대 따위 하는 건 손해야.'라고 생각할 수도 있지만, 그것은 큰 착각이다. 기대 자체는 결코 나쁜 것이 아니다.

큰 기대를 안고 이야기를 이어나가보자. 왜 내가 이런 이야기를 할까? 여기에는 이유가 있다. 기대의 반대는 '무관심'이기 때문이다.

예를 들어 회사 상사에게 "자네에겐 기대하는 바가 전혀 없네."라는 말을 듣는다면 어떨까? 기분이 별로 좋지 않을 것이다. 혹은 마음에 드는 이성에게 "당신에게 별 관심이 안 가네요."라는 말을 듣는다면 어떨까? 이 또한 매우 절망스럽지 않을까?

이렇게 '회피'하는 행위를 간단한 말로 표현할 수 있다. 바로 '무시'다. 바꿔 말하면 우리는 상대에게 관심이 있기 때문에 기대한다.

"힘내."
"기대하고 있어."
"너라면 할 수 있을 거야."

"최고의 시간이 될 거야."

이런 기대의 말은 애정 표현이기도 하고, 앞으로 관계를 더욱 공고히 하고 싶다는 의사표시이기도 하다. 그런 만큼 부디 망설이지 말고 소중한 상대에게 기대를 마음껏 표현하길 바란다.

여담인데, 온라인상에서 이런 말을 본 적이 있다.

"미국에서는 사이 안 좋은 부부가 없다. 왜일까? 사이가 좋지 않으면 참지 않고 바로 이혼하기 때문이다."

사이좋고 서로 아끼는 부부는 관계를 이어가고, 상대에게 무관심한 부부는 관계를 정리하는 세태를 꼬집은 말인데 역시 미국인들은 의사결정에 망설임이 없다는 생각이 들었다.

반면 일본에서는 관계가 좋지 않아도 결혼 생활을 이어가는 부부가 적지 않다. 서로에게 무관심하지만 관계는 유지하는 것이다.

결혼 생활뿐 아니라 주변에는 기대 없이 서로에게 무관심하지만 관계를 유지하는 경우가 생각보다 많다. 어쩌면 여기에 기대에 대한 우리의 고민을 해결해줄 답이 있을지 모르겠다.

무관심한 관계라도 기대 활용법을 통해 냉랭했던 사이가 부드러워지거나 함께 웃을 수 있는 시간이 늘어난다면 어떨까? 나쁘지 않은 제안 아닌가?

아끼는 사람과의 사이를 한층 돈독하게 만들고, 관심이 없어도 관계를 유지해야 하는 상대와 지내는 시간을 더 기분 좋게 만들기 위해 앞으로 알아볼 기대에 대한 지혜와 도구를 잘 활용해보길 바란다.

보상을 기대하는 것은
요구다

기대와 비슷한 말을 사전에서 검색해보면 '희망'이나 '요구' 같은 단어가 나온다.

챗GPT에 기대와 요구의 차이를 설명해달라고 하면 이런 답을 내놓는다.

• **기대**

기대란 특정 결과 및 행동에 대해 자신이 바라는 미래나 성장을 자연스럽게 그리는 것이다. 상대방이 특별히 약속하지 않았지만 '이렇게 해줬으면 좋겠는데….'라는 마음이 포함되어 있다. 기대는 대부분 일방적이며, 상대방에게 나 자신의 바람을 강요해서는 안 된다.
- 예: 부모님이 아이에게 '공부를 열심히 할 것'을 기대하다.
- 핵심: 상대방이 기대에 부응할지는 불확실하며 기대하는 사람의 기분에 의존한다.

• 요구

요구는 상대방에게 구체적으로 특정 행동을 하도록 강하게 요구한다는 의미다. 이는 기대와 달리 상대방에게 명확하게 '이렇게 해줬으면' 하는 바람이 있거나, 강제성을 수반한 행동이다. 요구는 명시적이며, 요구에 부응하는지에 따라 대응이 달라진다.
- 예: 업무 중 상사가 부하 직원에게 "이 프로젝트 주말까지 완성해줘."라고 요구한다.
- 핵심: 요구는 상대방이 해당 요구에 부응하는 것을 전제로 하기 때문에 요구에 응하지 않으면 특정 결과(페널티 및 재요구 등)가 발생하기도 한다.

기대는 상대방에게 행동을 요구하지만, 그것이 실현될지는 알 수 없는 정서적 영역이다. 요구는 상대방에게 구체적 행동을 강하게 요청하고, 실제로 그 행동을 실천에 옮기기 위한 명확한 의뢰 및 지시를 포함한다.

이 설명을 살짝 수정하면, 요구는 상대방에게 명확한 요청 및 의뢰를 하는 것으로, 보상이나 대가가 요구된다고 할 수 있다. 다시 말해 이쪽에서 바라는 바가 이루어질지 아닐지가 핵심이다. 냉정하게 표현하면 '손익계산'이 요구에 내재된다고 할 수 있다.

한편 기대는 조금 더 '바람'에 가까우며, 상대방과 나의 상호 행복을 목표로 발생하는 것이라 생각한다. 즉, 서로 윈윈win-win할 방법을 모색하는 행위가 기대다.

기대는
관계 맺기의 기본이다

앞에서 인간관계에서의 고충은 기대에서 생겨난다는 것과 우리가 기대하게 되는 이유 등을 다양한 관점에서 살펴보았다. 이번에는 내가 코칭을 하고 있는 한 리더에 대해 이야기해보기로 하자.

그는 외국계 IT 회사에서 근무하는 임원이다. 높은 목표를 달성하기 위해 수많은 부하 직원의 협조를 얻어 팀을 이끌어가며, 매일 부서원들의 상담을 들어주고 고민을 해결해주는 일을 맡고 있다.

어느 날 그가 온화한 표정으로 물었다.

"강사님, 제 부하 직원들은 몇 번이고 제 기대를 저버리고 있어요. 더 이상 기대하지 않는 게 차라리 나을까요?"

나는 이렇게 대답했다.

"그러시군요. 실례를 무릅쓰고 말씀드리면, 사실 기대하지 않는 건 생물학적으로 불가능에 가깝습니다."
"아, 그런가요?"
"네, 말하자면 상무님께서 이 말을 할 때는 머릿속으로 이상적 모습을 정해놓고 있기 때문에 부하 직원에게 그 이상적 모습을 기대한 것과 같아요. 밥을 먹은 후 '살을 빼야 하니 굶을까'라고 말하는 것과 마찬가지죠."

웃을지 모르지만 사실이다. 그리고 이렇게 글로 읽어보면 분명 '그래, 맞아.'라는 생각이 들 것이다.

이는 외부 자극을 받아 뇌가 인식하기까지 일련의 과정과 관련 있는데, 기대는 감각을 제어하기 불가능한 충동이라 생각하면 이해하기 쉽다.

그리고 사람은 서로 기대를 주고받으며 함께 살아가는 존재이므로 거듭 말했듯 기대하지 않는 것은 애초에 불가능하다.

이쯤에서 기대가 꼭 나쁘기만 한 것이 아님은 짚고 넘어가자. 실제로 아무런 기대도 없는 인생은 덧없다. 누군가에게 기대하지 않는다면 그에 대한 애정 또한 없는 것과 같기 때문이다.

다시 한번 말하지만, 내가 이 책에서 전하고 싶은 것은 바로 이것이다. 기대를 잘 다루기만 하면 훨씬 원만한 인간관계를 맺을 수 있다는 것.

수많은 기대가 우리를 배신한다. 그렇다면 차라리 기대에 배신당했을 때 예상 밖의 상황을 즐기고, 기대를 원동력 삼아 관계를 발전시켰으면 한다.

상대방에게 내 기대가 잘 전해지지 않았을 때야말로 그 상대방과 더욱 돈독해질 기회라고 생각하자.

2장에서는 기대를 잘 다루기 위해 알아두어야 할 것에 관해 이야기해보자.

POINT

- 기대는 충동적으로 발생한다.
- 기대에는 '기대하는 쪽'과 '기대를 받는 쪽'이 존재한다.
- 우리는 하루에도 몇천 번이고 기대한다.
- 기대의 정체는 상대를 향한 '바람'이며, '공존하고픈 마음' 이다.
- 타인의 기대를 받으면 마음속으로 그 기대에 부응하고자 하는 '헌신 욕구'가 발생한다.
- 기대는 잘 활용하면 인간관계에서 윤활유 역할을 한다.

2장   당신의 기대는 왜
　　　　이루어지지 않을까

기대가 인간관계에서 윤활유 역할을 한다는 것을 이해하더라도 매번 기대가 어긋나버리고는 한다. 이 경우 기대 전달 방법에 문제가 있을 가능성이 있다. 이 장에서는 기대 전달 실패 사례를 분석하고, 해결책에 대해 이야기해 보자.

말하지 않으면
알 수 없다

당연한 말이지만 내가 생각한 바를 표정 혹은 태도로만 '암시'하고 입 밖으로 꺼내지 않는다면 상대방에게 내 의도가 정확하게 전달되지 않는다. 이는 부모와 자식이나 부부처럼 매우 친밀한 관계에서도 마찬가지다.

여기 한 부부가 있다. 이 부부는 주말에 교외에 있는 대형 쇼핑몰에 가서 같이 쇼핑하는 것이 공통의 취미이자 관심사 중 하나다.

어느 날, 부부는 외출한 김에 근처 아웃렛에 들러 아내가 사고 싶어 했던 브랜드에서 정장을 고르고 있었다. 아내가 매장에서 마음에 드는 옷을 보여주며 일일이 남편에게 "이거 어울려?" 하고 묻는다. 여성 패션에 전혀 관심이 없는 남편은 "글쎄, 핑크가 낫지 않을까?"라며 무성의하게 답하거나 휴대폰에서 눈을 떼지 못하고 "그게 당신한테 맞기나 해?"라며 퉁명스레 대답했다. 그러자 아내는 말수가 점점 줄어들더니 기분이 가라앉고 입이 뾰로통해져서는 "됐어, 가자."라며 결국 밖으로 나가버렸다.

이 경우 남편은 '같이 즐겁게 이야기하며 쇼핑하고 싶어.'라는 아내의 기대에 부응하지 못한 것이다. 아내가 기대를 제대로 전달했다면 남편은 '그래? 그럼 이야기하면서 즐겁게 쇼핑해야겠구나.' 하고 생각하며 적극적으로 응해줬을지도 모른다.

눈치껏 알아서 기대에 부응하는 데는 한계가 있다. 실제로 기대가 이루어졌다면 여러분 스스로 기대한 바를 명확하게 전달했기에 성공 확률이 높아진 것이다.

나의 기분을 상대방에게 전달하는 데 주저하거나 부끄러워할 필요는 없다. 내 기대를 상대방에게 전달하지 않으면 아무것도 시작되지 않는다.

하이콘텍스트와 로콘텍스트라는 언어의 차이

"기대가 이루어지지 않았다면 기대가 잘 전달되지 않은 게 아닌지 의심하라."라는 말에 관해 이야기를 이어가보자.

일본을 비롯한 아시아권 국가의 언어는 대체로 '함축적'이다. 예를 들어 일본인은 누군가에게 선물할 때 "별거 아닌데….'라는 말을 덧붙이며 전달하는 경향이 있다. 이 말의 의미는 '별거 아니라고 여길지 모르지만, 당신을 생각하며 필요할 것 같아서 골라봤어요. 마음에 들었으면 좋겠어요.'라는 것이다.

이를 일본인 특유의 감각으로 해석하면 "굳이 말로 안 해도 눈치채셨죠? 제가 당신이 기뻐할 것 같았다고 미리 이야기하는 건 실례니까요."라는 말이 생략된 것이다.

또 식사할 때 "살짝 싱겁네요."라는 말 또한 그 바탕에는 '소금 좀 가져다주면 좋겠다.'라는 아시아권 특유의 함축적 의미가 담겨 있다.

이처럼 직접적으로 말하지 않아도 상대가 암묵적인 룰

을 알아주길 바라는 커뮤니케이션 화법을 '하이콘텍스트 high-context(고맥락)'라 부른다. 콘텍스트context란 '배경', '상황', '문맥', '장면' 등의 의미를 지닌 단어로, 하이콘텍스트는 같은 문화를 공유한다는 전제하에 '말로 다 표현하지 않아도 알겠지.'라는 믿음을 바탕으로 말을 생략하는 커뮤니케이션을 의미한다.

그러나 미국처럼 서로 다른 문화 간 커뮤니케이션이 일반적인 다인종 국가에서는 이 방식이 통하지 않는다. "음식이 좀 싱겁네요."라고 말해도 "아, 그렇군요. 입맛에 싱거우시군요."라는 대답만 돌아올 것이다. "소금을 좀 넣으면 더 맛있을 것 같네요."라고 말해도 "그거 좋은 생각이네요." 하고 대화는 끝난다.

만약 소금이 필요하면 "소금 좀 주시겠어요?"라고 정확히 말해야 한다. 그렇지 않으면 상대방에게 전달되지 않는다. 이처럼 공유도가 낮아 하나하나 설명해야 원하는 바가 전달되는 커뮤니케이션을 '로콘텍스트low-context(저맥락)'라 한다.

또 유럽과 미국 등 서구권 문화에는 '서로가 원하는 바를 확인하는 문화'가 있다. 미국인끼리는 "What is your expectation?(당신이 원하는 건 무엇인가?)"를 일상적으로 묻는다.

"당신이 나에게 원하는 게 무엇인가?"라는 말은 일본인의 대화에는 거의 등장하지 않는다. 반면 다인종 국가인 서구권에서는 이렇게 직접적으로 이야기하지 않으면 서로가 원하는 바를 공유하기가 어렵기 때문이다.

내가 고등학생 시절 미국에 유학을 간 지 얼마 안 됐을 때, 학교와 집에서 만나는 사람 모두 로콘텍스트로 대화하며 일일이 모든 것을 서로 확인하는 것을 보고 속으로 '이 사람들은 눈치가 없는 건가?'라고 생각하곤 했다.

시간이 지나니 내 안에 깊이 뿌리내린 하이콘텍스트적 사고가 사라지고, 상대방에게 분명히 전달하는 로콘텍스트 커뮤니케이션이 습관으로 자리 잡았다.

익숙해진 뒤에는 '생략하지 않는' 서구식 로콘텍스트적 사고가 서로 오해도 생기지 않고 편하게 느껴졌다. 상대방에게 암묵적 이해를 바라는 하이콘텍스트적 사고는 이를 눈치껏 알아들어야 하는 사람의 부담을 늘리고 피로를 높인다는 생각이 든 것도 이때쯤이다.

오해하지 않도록 덧붙이자면, 미국인이라도 오랫동안 함께한 부부처럼 깊은 관계를 맺으면 서로가 원하는 바를 말로 하지 않아도 알아차리는 건 매한가지다. 이는 단순히 국민성의 차이가 아니라 각각의 관계 속에서 형성된 커뮤니케이션 스타일이라 할 수 있다.

다양성이 강조되는 오늘날 '말하지 않아도 알아주겠지.'라는 생각은 과거의 유물이 되어가고 있다. 상대방에게 의사가 정확하게 전달되도록 구체적으로 말하는 로콘텍스트적 커뮤니케이션이 주류로 떠오를 날도 멀지 않은 듯하다. 이를 통해 서로 기대하는 바를 좀 더 즐겁게 공유할 수 있지 않을까.

기대는
숫자로 구체화하라

혹시 기대하는 바를 말로 전달하기 어렵다면, 제대로 된 방법을 사용하고 있는지 생각해봤는가?

"힘내!"

이 말은 기대를 표현하는 대표적인 말 중 하나다. 가령 아이가 운동회에 참가했을 때, 회사에서 부하 직원이 관리직으로 승진했을 때, 병원에 입원한 친척 병문안을 갔을 때 이 말을 써본 경험이 있을 것이다.

예전이라면 "힘내!"라는 말을 들은 사람도 "응원해주니 힘이 나."라며 마음을 다잡고 그 기대에 어떻게든 부응하려고 노력하는 경우가 많았다.

그런데 지금은 "힘내라니, 도대체 뭘 힘내라는 거야."나 "그런 말은 부담스러우니까 하지 말아줘." 하는 반응이 대부분이다. 나한테 대입해보면, "책 쓰고 있다며? 힘내! 기대하고 있을게!"라는 말을 지인한테 듣는다고 할지라도 솔직히 말해 뭘 어떻게 힘내야 하는지도 모르겠고 반사적으로 "고마워."라고 대답한 적이 생각보다 많다.

"힘내!"라는 말을 굳이 분류하자면 '정성定性 정보'에 해당한다. 사람에 따라 밤새도록 책을 쓰는 게 힘내는 행위일 수 있고, 하루에 한 줄 새로운 문장을 쓰는 게 힘내는 행위가 될 수 있다. 즉, 같은 말이라도 사람의 해석에 '격차'가 존재하는 것이 정성 정보다. 반면 11시 30분에 출발하는 기차라든지 350ml나 500ml짜리 음료수처럼 수치로 측량할 수 있는 정보를 '정량定量 정보'라 한다.

그리고 일반적으로 기대는 대부분 정성 정보로 전달된다. 따라서 "힘내!"라는 말이 이 말을 하는 사람과 듣는 사람 간에 전혀 다르게 해석되기도 하는 것이다.

내가 사회에 나왔을 때 엄하기로 평이 자자한 선배가 "둥근 걸 둥글다고 전달하는 게 회사 일이다."라고 조언해준 적이 있다. 이 말은 전달하고자 하는 바를 상대방에게 적확하고 이해하기 쉬운 말로 전달해야 한다는 가르침이었다.

과연 우리가 상대방에게 전달하는 '기대치'는 우리의 바람대로 전달되고 있을까? 둥근 것을 삼각형이라고 바꿔서 전달하는 것은 아닐까?

예를 들어 회사에서 상사가 부하 직원에게 "오늘도 힘내!"라고 했다고 하자. 분명 상사의 머릿속에는 무엇을 어떻게 힘내라는 건지에 대한 정량 정보가 존재하지만 '어제 회의에서 업무 내용을 전달했으니 오늘 새삼 말해줄 필요는 없겠지.'라고 멋대로 생각해버린다. 따라서 전달하고자 하는 말은 결과적으로 정성 정보가 되고 만다.

이를 "어제 회의에서도 이야기했지만, ○월 ○일까지 매출액 목표 달성을 위한 △△사 대상 기획서 프레젠테이션을 자네한테 맡겼는데 수고해줘!"라고 구체적으로 정량화해 전달하면 상대방이 다른 식으로 착각할 위험을 줄일 수 있어 결과적으로 둥근 것을 둥글다고 전달하게 된다.

내가 이렇게 조언하면 대부분의 임원은 "그걸 꼭 말로 해야 아나요?"라며 말을 생략하는 습관을 버리지 못했으나, 리더십 측면에서 크나큰 리스크가 될 가능성이 있으니 '생략하지 않고 자세히 전달하는 화법'을 연습하라고 입이 닳도록 강조했다. 이렇듯 설명을 생략하면 기대에 대한 각자의 해석이 달라지기 쉽다.

이처럼 정성 정보를 구체적으로 정량화하는 것을 나는 '캘리브레이션calibration'이라 한다. 간단히 말해 방향 맞추기, 즉 기대치 맞추다. 이를 통해 각각의 기대를 서로의 기대로 조정하는 것이다.

상대방에게 기대를 전할 때는 항상 지금 기대를 전달하는 방법이 상대와 캘리브레이션되고 있는지 자문자답해 보자. 이런 사고법은 비즈니스에서뿐 아니라 일상생활에서도 유용하다.

아이에게 "갖고 놀았으면 장난감 정리해."라고만 말하면 정성 정보로서의 기대다. 그러면 아이는 방구석에 장난감을 몰아두기만 하고 정리했다고 생각할지도 모른다.

"책상 위에 있는 장난감을 밥 먹기 전에 상자 안에 전부 집어넣어줄래?"

이렇게 전달하면 정성 정보가 정량화되고 상호 캘리브레이션된다. '말하지 않아도 알겠지.'는 기대가 이루어지지 않게 하는 지름길이다. 따라서 내가 상대방에게 바라는 것과 전하고 싶은 메시지를 전부 담고 있는 자세한 설명법을 연구할 필요가 있다.

바람을 표현하는
네 가지 방법

이제 '기대를 전달하는 단계'에 대해 이야기해보자.

앞서 부부의 쇼핑 사례에서도 보았듯 기대하는 바를 말로 적확하게 전달하지 않으면 상대방에게 정확하게 전달되지 않는다는 사실을 이해했을 것이다.

그렇다고 무턱대고 요구를 몰아붙이듯 말하면 상대방에게 거부감을 줄 뿐이므로 여기서는 서로 다른 문화 간 커뮤니케이션의 지혜를 이용해보도록 하겠다.

서로 다른 문화 간 커뮤니케이션에는 발달단계라는 개념이 존재한다. 간단히 설명하면 서로 다른 취향을 수용하면서도 함께 성장하기 위한 커뮤니케이션은 후천적으로 배울 수 있는 능력이다.

이 책에서는 이를 네 가지 발달단계로 나눠 설명하므로 여러분이 현재 어느 단계에 해당하는지 생각하며 읽어보길 바란다. 그리고 가능하면 가장 높은 단계로 올라가기 위해 노력하길 바란다.

사례를 조금 더 단순화하기 위해 쇼핑하러 가서 아이가 장난감을 사달라는 기대를 어떻게 표현하는지 예를 통해 살펴보자.

발달단계 1 기대 및 욕구를 직설적으로 표현한다

자기의 기대가 당연히 이루어지리라 생각하고 기대를 있는 그대로 전달하는 것이 이 발달단계의 특성이다. 아이의 말로 표현하면 "이 장난감 갖고 싶어! 사줘!"처럼 직접적이다. 화자 자신의 욕구를 심플하게 전달하기만 할 뿐이므로 이는 가장 낮은 단계의 발달이라 할 수 있고, 기대와 요구가 어지럽게 섞인 상태라 할 수 있다.

상대방에게 당연히 자기의 기대가 받아들여지고 무조건 충족될 것이라 믿는 경향을 보이는 것이 이 단계의 특징이다.

상사와 부하 직원일 경우, 부하 직원이 상사에게 "이 결재 서류 오늘 마무리하지 않으면 고객이 컴플레인을 걸 수 있으니 오늘 중으로 부탁드립니다!"라고만 말하고 서류를 상사의 책상에 일방적으로 올려두고 자리로 돌아가는 장면을 상상하면 된다.

발달단계 2 이분법적인 대답을 강요한다

"이거 안 사주면 집에 안 가."

1단계와 달리 말만 하는 게 아니라 상대방에게 대답을 요구하는 2단계에 들어서면 이런 말을 곧잘 한다. 이 말 이면에는 '사주든지 집에 돌아가지 않든지 선택해봐.'라는 기대를 극단적으로 강요하는 사고방식이 작용한다.

더 극단적으로 말하면 '사주는 사람은 좋은 사람', '안 사주는 사람은 나쁜 사람'이라는 '낙인'을 찍는 것도 2단계의 특징이다.

앞에서 예를 든 상사와 부하 직원의 관계로 생각해보면 "이 결재 서류는 고객이 기다리고 계셔서 바로 도장 찍고 마무리해야 할 것 같은데 지금 가능하실까요? 지금 힘드시면 제가 고객에게 양해를 구할까요?"라며 대답을 강요하는 것으로 이해하면 된다.

발달단계 3 고차원적 사리 분별로 지레 포기한다

3단계는 '장난감 사달라고 하고 싶은데 안 사주겠지?'라고 생각하고 처음부터 포기해버리는 단계다. 의견을 전달할 때는 "사줬으면 좋겠지만, 힘들겠지?"라거나 말해봤자 안 될 거라 생각하고 말하지 않는 식이다.

2단계를 몇 번 경험하며 비로소 도달하는 발달단계로

'자신이 원하는 바를 전달해도 이루어지지 않은 경험'을 반복적으로 거친 후 추측이 작용하는 상태다. 그리고 머리로는 이해하면서도 마음속으로는 상대방이 "사줄게."라는 말을 하길 기대한다는 점이 복잡 미묘한 부분이다. '이런 착한 마음 씀씀이 좀 알아줘!'라고 마음속으로 소리치고 있을지 모른다.

마음속으로는 기대하면서 포기해버리는 것은 언뜻 기대하지 않는 것처럼 보이지만 마음속으로는 포기하지 않은, 이른바 자신을 속이는 상태다. 앞서 상사와 부하의 관계에 빗대어보면 "이 결재 서류 오늘 도장을 찍어야 하는데 바빠서 오늘은 힘드시겠죠?"라며 아무 말도 하지 않고 마음속으로 포기하는 상황이다.

발달단계 4 서로 행복해지도록 기대를 전달한다

이 단계에서는 "장난감 사줘."가 아니라 "이 장난감 사주면 정말 좋을 것 같은데, 어때?", "이 장난감 전부터 정말 갖고 싶었는데, 이 장난감을 샀을 때 어떤 점이 좋을지 같이 생각해볼 수 있을까?" 하는 식으로 기대를 전달한다. 단, 그저 기대를 전달하기만 해서는 안 되고 상대의 마음을 배려해 서로가 행복해질 수 있는 결말을 생각하며 전달한다.

앞서 언급한 상사와 부하 직원의 관계일 경우, 부하 직원이 "고객을 위해 가능한 한 빨리 서류에 도장을 찍는 게 어떨까요? 바쁜 와중에 급하게 요청해 죄송하지만, 부서 전체에 이익이 되리라 생각해 먼저 고려해주시길 바랍니다."라고 자신의 요구를 전할 뿐 아니라 상대방까지 배려하는 방법이다.

이처럼 '기대하는 것'과 '기대를 상대방에게 전달하는 것'은 비슷해 보이지만 차원이 전혀 다르다. 우리는 상대방에게 전달하지도 않은 기대를 가지고 제멋대로 기대하고 실망하는 경우가 많다.

거듭 말하지만 말로 전달하지 않으면, 상대방은 우리가 기대했다는 것조차 눈치채지 못한다. 기대는 표정이나 행위가 아니라, 말로 상대방에게 전달해야 한다.

그리고 기대를 전달할 때는 앞서 말한 네 가지 기대 발달단계를 생각하며 자기가 어떤 단계에 해당하는지 객관적으로 관찰하는 버릇을 들이면 의사소통이 더욱 원활해지고 더 이상 두렵지 않을 것이다.

속으로 쌓아두지 말고
밖으로 뱉어라

예전에 어느 오래된 중국집에서 일흔이 넘어 보이는 남자 손님이 젊은 점원에게 화를 내는 장면을 목격한 적이 있다. 이유인즉슨 손님이 주문한 요리가 아무리 기다려도 나오지 않자 꾹 참고 기다리다 결국 화가 폭발하고 만 것이다.

손님은 가게 안이 쩌렁쩌렁 울릴 정도로 큰 소리로 말했다.

"내가 40년 이상 된 단골이야. 그런데 이렇게 나를 기다리게 한 건 처음이라고. 당장 음식 내오지 않으면 다시 오나 봐라."

제삼자 입장에서 냉정하게 생각해보면 단순히 주문이 지연된 것일 뿐이다. 점원에게 화를 낼 게 아니라 "저, 주문한 음식이 좀 늦네요."라고 말했다면 해결됐을지도 모른다. 그런데 '내가 이 가게의 오랜 단골이니 특별 대우를 받는 게 당연해.'라는 착각 속에서 기대가 커진 나머지, 냉정한 판단이 불가능해져 아무 잘못도 없는 점원에게 화를 낸 것이다.

손님은 자신의 경솔한 행동으로 결국 자주 가던 단골집을 잃게 될 것이다. 이처럼 상대방이 기대와 다르게 행동해 화가 나고 충돌이 생긴다면 나 자신이 기대치를 멋대로 부풀려 이성적으로 판단하지 못했음을 스스로 깨닫길 바란다.

상대는 나름의 사정이 있다. 가령 점원이 오늘따라 이상하게 바빴을지도 모른다. 혹은 입원한 가족의 면회 시간이 다가와 정신이 없었을지도 모른다. 즉, 겉으로 봐서는 알 수 없는 사정이 있을 수도 있다. 이는 모두 추측에 불과하지만, 마음에 여유가 없을 때 다른 사람의 기대를 눈치껏 알아채고 행동하기란 특히 어려운 법이다.

여기서 살펴볼 것이 바로 '기대를 부풀리는' 행위다. 풍선을 상상하면 이해하기 쉬울 것이다. 상대방에게 기대를 품는 것은 풍선에 공기를 불어넣는 것과 같다. 한 번의 기대는 숨을 한 번 불어 풍선에 공기를 넣는 것이다.

풍선이 조금 부풀었을 때 풍선 끝을 잡고 있는 손가락을 떼면 공기가 밖으로 빠져나오는데 이것이 '상대방에게 기대를 전달하는' 행위다. 한 번의 기대로 쌓인 공기를 '말'로 뱉어내는 것이다.

앞서 중국집 단골손님의 경우 주문한 후 얼마 지나지 않아 '이상하다, 내가 주문한 음식은 멀었나?'라고 생각하며 음식이 빨리 나오길 기대했다. 그 첫 번째 기대가 생겼을 때 "주문한 음식은 아직 멀있을까요?"라고 점원에게 물었다면 점원도 "아, 확인해보겠습니다." 하고 기대에 부응했을 것이다. 이렇게 되면 기대는 빠르게 이루어진다.

그러나 이때 기대를 표현하는 것을 참고 '빨리 음식이

나왔으면 좋겠네. 잊은 건 아니겠지?'라며 기대치를 한껏 높이면 풍선을 한 번 더 부풀리게 된다. 상대방에게 아무런 의사도 전달하지 않은 채 기대치를 점점 높이는 건 풍선을 점점 더 부풀리는 행위다. 그리고 빵빵하게 부푼 풍선은 한계에 달하면 터져버린다. 이렇게 되기 전에 자신의 기대로 부푼 풍선 속의 공기를 빼주자.

기대는 머릿속에 담아두지 말고 정확하게, 그리고 가능한 한 빠르게 말로 뱉어내고, 상황과 상대방의 의향을 확인해보자. 그러면 기대에 배신당하는 일을 어느 정도 예방할 수 있을 것이다.

최종 목표는
모두의 행복

내가 모 완구 회사에 다닐 때 이야기다. 당시 업무상 홍콩에 출장을 갈 일이 많았다. 그때 현지에서 일하는 동료가 종종 이런 이야기를 들려주었다.

> "홍콩 노점상에서 물건을 살 때는 표시된 가격이나 주인이 달라는 대로 주면 절대 안 돼. 대부분 손님이 가격을 깎을 걸 알고 일부러 비싸게 표시해놓은 뒤 그 가격을 부르는 거니까 말이야."

이런 사전 지식이 있었기에 실제로 노점상에서 물건을 살 때 이런 대화를 나눴다.

"저기요, 이 시계 얼마인가요?"
"30달러입니다."
"좀 비싸네요. 됐어요."
"에이, 뭐가 그렇게 바빠요. 그럼 27달러에 드릴게."
"그것도 비싼데."
"잠깐 기다려봐. 자, 특별히 손님한테만 26달러."
"됐어요. 12달러에 해주면 모를까."
"에이, 그렇게는 안 되지. 25달러에 해."

이런 식의 실랑이가 이어졌고, 서로 타협점을 찾아 시계를 사서 돌아갈 수 있었다. 그리고 후에 이성적으로 생각해보니 20분 동안 가격 실랑이로 겨우 5,000원 정도 싸게 산 꼴이었다.

'가격 흥정에 쓴 시간 내놔!'

흥정에 들인 노력 대비 별로 할인받지 못했기에 아무리 생각해도 그냥 달라는 대로 주고 사는 게 더 효율적이었을 듯했다. 그렇다면 흥정에 들인 시간은 대체 무엇을 위한 것이었을까? 나는 '기대를 조절하는 시간'이었다고 생각한다.

정가를 주고 사면 간단하다.

"이거 얼마예요?"
"○○원입니다."
"네, 여기요."

이러면 몇 분 만에 거래가 종료된다.

실제보다 많은 돈을 주고 물건을 사는 것이 억울해 가격을 깎고 싶은 손님과, 가격을 조금 깎아서라도 손해를 보지 않는 선에서 팔고 싶은 가게 주인 사이의 기대치 차이가 존재하기에 흥정이 시작되는 것이다.

조금만 시간을 할애해서라도 서로가 납득할 수 있는 타협점을 찾을 수 있다면 양쪽 모두 행복한 결말을 맞는다.

홍정하는 데 쓴 20분은 '모두가 행복해지는 결과를 내기 위한 시간'이었다고 할 수 있다. 결론적으로 사고 싶은 물건을 손에 넣고 가게 주인과 사이좋게 웃으며 헤어진 경험을 홍콩에서 수없이 했다.

모두가 행복해지는 것, 즉 상호 이익mutual benefit을 얻는 것이야말로 기대의 합의점을 찾는 과정에서 가장 중요한 요소다.

홍콩 노점상에서 배운 것이 또 하나 있다. 기대에 대한 합의점 찾기는 즐기며 해야 한다는 것이다. 사는 사람도 파는 사람도 지지 않고 가격을 흥정하다 보면 재미가 느껴지기도 한다.

그 증거로 가령 단골이 되더라도 가게 주인은 "자주 오니까 싸게 줄게."라고 하지 않는다. 아무리 단골이라도 상품이 바뀌면 다시 처음부터 가격 흥정이 시작된다. 그리고 "지난번에 싸게 줬으니까 이번에도 싸게 줘요." 혹은 "더도 말고 딱 ○○원만 싸게 줘요." 같은 일방적 태도를 취하면 파는 쪽에서는 진심으로 화를 낸다. 이런 태도는 합리적으로 가격을 깎는 방식에 위배되기 때문이리라.

마찬가지로 기대의 합의점 찾기에서 강경한 태도를 취하는 것도 규칙 위반이다. 이는 그저 명령에 불과하기 때문이다. 기대의 합의점 찾기는 우리 모두가 행복해지기 위해 즐기며 해야 하는 것이다.

기대와 논쟁을
혼동하지 않기

주방용 염소계 표백제 포장지에 쓰여 있는 "혼입 시 위험"이라는 경고 문구를 본 적 있는가? 염소계 표백제를 세정제 또는 산성 세제와 섞으면 위험한 염소 가스가 발생하므로 주의가 필요하다는 의미다.

왜 갑자기 이런 이야기를 하느냐면 기대를 상대방에게 전달할 때 섞이면 안 되는 말투가 있기 때문이다. 바로 기대와 혼용하면 관계를 망치는 말투 세 가지다.

- 일방적으로 혼내지 않기

- 몰아붙이지 않기
- 묵살하지 않기

　말로 하면 간단해서 굳이 설명하지 않아도 예상할 수 있겠지만, 만약 여러분이 어느 부서의 팀장이라고 생각해 보자. 신임하던 부하 직원에게 중요한 거래처와의 매출 확대 업무를 맡기고 성과를 기다렸다. 그리고 몇 개월이 지난 후 결과를 보니 부하 직원은 기대한 만큼 업무를 수행하지 못했고, 결국 매출이 상승하기는커녕 줄기만 하고 반전될 기미는 보이지 않는 긴박한 상황에 처했다. 이때 부하 직원에게 어떻게 이야기해야 할까?

　먼저 상대를 '일방적으로 혼내는' 대화다.

> "자네에게 기대를 걸었는데 실망이네. 뒤처리는 내가 하겠지만 나중에 시말서 쓸 각오해. 그리고 다음 달부터 이 거래처는 다른 사람에게 맡길 테니 자네는 이제 그만 손 떼게."

예시가 살짝 고루하지만, 옛날 TV 드라마 속 결전의 장면에서 상대의 잘못을 지적하는 장면이 바로 이런 대화의 패턴이다.

이번에는 '몰아붙이는' 대화로 넘어가보자.

> "자네에게 기대를 걸었는데 실망이네. 어떻게 책임져야 할지 생각해보고 나중에 메일로 보내주게. 나 원, 내 입장도 생각해달라고. 이거 어쩔 거야."

그리고 '묵살하는' 대화는 이런 식이다.

> "자네는 처음부터 전략에 문제가 있었다고 이야기하고 싶겠지만 왜 좀 더 빨리 알아차리지 못했나? 문제가 생겼는데 왜 아무런 행동을 하지 않은 거야? 변명은 필요 없네. 프로다운 대응력이 필요한데 이번 건은 자네의 능력 부족이라고밖에 설명할 수 없어."

이 세 가지 말투를 사용하면 상대는 "죄송합니다."라는 말밖에 할 수 없다. 이래서는 사정이 있어도 말을 꺼낼 수조차 없다는 사실을 기억해두자.

얼마 전 만난 저명한 프로스포츠 구단 감독도 옛날에는 화를 내거나 불호령을 내리는 식으로 몰아붙이는 지도 스타일이 먹혔겠지만, 지금은 통하지 않는다고 이야기했다.

프로스포츠 세계에서조차 이런 리더가 있다면 선수가 다른 팀으로 이적해버리는 시대다. 몰아붙이는 지도 스타일은 선수들의 사기를 떨어뜨릴 뿐 아니라 중요한 핵심 선수에게 팀을 떠날 구실을 줄 뿐이다.

기대는 그 자체로 전달해야 함을 의식할 것, 그리고 사람을 몰아붙이는 말을 섞지 않을 것을 기억하면서 좋은 관계를 만들어보자.

적당한 기대가
원만한 관계를 만든다

 마지막으로 뭐든 지나치면 모자라느니만 못하다는 이야기를 하고자 한다.

 기대라는 주제에서 살짝 멀어지겠으나, 운동은 삶의 질을 높여주는 요소라고들 한다. 그러나 운동도 너무 지나치면 관절에 부담을 줘 부상의 원인이 되기도 한다.

 일에 대한 책임감 또한 일반적으로는 긍정적인 의미로 사용된다. 하지만 과도한 책임감은 다른 사람에게 맡겨도 되는 일도 혼자 떠안게 해서 결과적으로 업무를 지체시킨다. 업무 효율이 떨어지고, 주변 동료들과의 관계에 문제가 생기기도 한다.

그러고 보면 무엇이든 '적당히'가 정말 중요한 것 같다. 기대도 마찬가지다. 타인의 기대를 받는 상황이 누군가에게는 "좋아, 기대에 부응해야지."라며 긍정적으로 작용하는가 하면, 누군가에게는 "기대에 부응하지 못하면 어쩌지." 하는 부담이 되어 부정적으로 작용하기도 한다.

이런 사실을 잊으면 과도한 기대를 표현해 상대방에게 부담을 주고, 소중한 관계를 망쳐버릴 수 있다. 반대로 누군가에게 기대를 받을 때도 마찬가지다. 즉, 기대는 긍정과 부정을 동시에 지닌 동전의 양면과 같은 것이다.

우리가 누군가에게 기대하거나 누군가에게서 기대를 받을 때 생기는 마음의 변화를 영어로 '스트레스stress'라고 표현한다. 일본에서는 스트레스를 '기대에 의한 부담'처럼 부정적 의미로 사용하는 경우가 대부분이지만, 사실 이 말은 영어에서 '기대 때문에 발생하는 고양된 감정 및 설렘'이란 긍정적 의미로도 사용된다.

기대에서 기인하는 스트레스라는 단어에 긍정적 의미와 부정적 의미 모두 포함된다는 사실은 매우 흥미롭다.

타인의 기대를 어떻게 받아들이는지에 따라 긍정적으로 작용하기도, 부정적으로 작용하기도 하는 특징이 있음을 기억해두길 바란다. 무슨 일이든 지나치면 좋은 결과로 이어지지 않는 법이라는 사실 또한 기억해야 한다.

  여기까지 기대가 이루어지지 않는 이유를 살펴보았다. 애초에 기대를 제대로 말로 전달하지 않은 경우도 있고, 전달하는 방법이 미숙했을 가능성에 대해서도 생각해보았다. 다음 장에서는 기대를 조절하는 방법에 대해 자세히 다뤄보기로 하자.

POINT

- 상대방이 기대를 알아주지 않는 것 같아 초조할 때는 기대를 제대로 전달했는지 의심해보자.
- 암묵적 이해를 기대하지 말고 '로콘텍스트' 표현을 사용하자.
- 전하고 싶은 기대는 정량화해 전달하자.
- 기대는 절대 쌓아두지 말고 적절히 표현하자.
- 기대의 합의점을 찾을 때는 그 순간을 즐겨보자.

3장 ____ 사람에게
         기대하지 않는 연습

기대와 잘 지내고 싶다면 우선 기대하지 않는 방법을 배워야 한다. 난도 낮은 방법부터 시작해 기대에 흔들리지 않는 마음가짐을 만들어보자.

> 초급 편

인간은 타인에게
관심이 없다

3장에서는 다른 사람에 대한 과도한 기대를 멈추는 연습이라는 주제로 난도별 과도한 기대를 멈추기 위한 사고방식을 배워보자.

우선 우리는 자신의 기대에는 민감하지만 타인이 어떤 기대를 하는지에 대해서는 대부분 둔감하거나 관심이 없다는 불편한 진실을 직시해야 한다.

예를 들어 회사에서 여러분이 유능한 부하 직원에게 높은 기대를 걸었다고 생각해보자. 이를 말로 표현해보면 다음과 같다.

"자네는 이번 사업을 잘 이해하고 솔선수범해서 나서줬네. 앞으로도 우리 부서 에이스로 활약해줬으면 하네. 머지않아 매니저로 승진시켜 팀을 맡길 생각이야. 자네한테 기대가 커."

이 경우 부하 직원은 여러분이 자기에게 기대를 걸고 있다는 사실에 관심이 없을 수도 있다. 그래서 이런 대답을 하기도 한다.

"아, 저는 승진이나 직함에 큰 욕심이 없습니다. 그냥 팀원으로 일하는 게 더 편합니다."

상사 입장에서는 말 그대로 '기대를 저버리는' 행위이자 힘 빠지는 대답이란 생각이 들 것이다. 그리고 당신의 말문이 막힌 사이 부하 직원은 자신의 기대에 부합하지 않는 회사라 판단하고 이직 사이트에 들어가 다른 회사를 검색할지 모른다.

그러나 냉정하게 생각해보면 부하 직원에게는 악의가

없다. '당신을 골탕 먹이겠어.'라며 악의를 가지는 부하 직원은 흔치 않을 것이며, 그는 나름대로 자신의 인생을 성실하게 살아가고 있을 것이다. 그런 직원에게 당신의 기대는 그다지 중요하지 않다.

이런 생각의 차이는 일상생활에서 종종 일어난다. 그리고 이는 회사의 상사와 부하 직원 관계에서만 일어나는 일도 아니다. 부부 관계나 부모와 자녀 관계에서도 일어날 수 있는 일이다.

이쯤에서 기대를 잘 다루는 법에 대해 이야기해보겠다. '내가 상대방에게 거는 기대에 대해 그 상대방은 별로 관심이 없다.', '상대방에게는 그만의 사정이 있다.', '관심을 두는 분야 자체가 나와 다르다.' 등 불편한 진실을 인정하는 것이다.

기대해서는 절대 안 된다는 말이 결코 아니다. 상대방은 나의 기대에 별로 관심이 없음을 인정한 다음에 기대하자는 것이다. 그것만으로도 기대를 다루기가 한결 쉬워질 것이다.

그는 당신에게 기대하지 않았다

〈그는 당신에게 반하지 않았다〉라는 영화를 아는가? 2009년에 개봉한 미국 로맨틱 코미디 영화다. 이 작품의 원제목은 'He's Just Not That Into You'다. 직역하면 '그는 당신에게 별로 관심이 없다'이고 영화 내용에 맞춰 의역해보면 '그는 당신에게 반하지 않았다'다.

연애에서 '당신이 상대방을 아무리 좋아한다 해도 그는 당신에게 별로 관심이 없을 수도 있다'는 남녀 간 사랑의 엇갈림의 본질을 한마디로 표현한 관용구인데, 이를 그대로 영화 제목에 사용했다. 나는 이 영화를 DVD로 보고 제목을 정말 잘 지었다고 생각했다. 이 말은 기대에도 적용된다.

'내가 이렇게 좋아하니까 상대방도 분명히 나에게 호의를 가지고 있을 거야.'

이를 기대로 치환해보면 이런 식이다.

'내가 이렇게 기대하고 있으니, 상대방도 내 마음을 알고 기대에 부응하기 위해 노력하겠지?'

'아, 지금 내가 저 사람에게 엄청 많이 기대하고 있구나.'라는 생각이 들면 그는 당신에게 반하지 않았다는 말을 떠올리며 상대방이 기대에 부응하지 않는 게 당연함을 기억하자. 이 발상은 내 기대에 부응하지 않는 상대방에게 화내는 것을 막아주는 방법 중 하나다.

아무리 말해도
25퍼센트만 전달된다

 코칭이라는 대화 기법은 상대의 이야기를 잘 듣는, 이른바 '경청'을 근간으로 하는 기술이기 때문에 리더들에게 경청 기술을 가르칠 때 반드시 묻는 말이 있다.

> "당신이 부하 직원에게 전달하는 말의 내용을 100이라고 하면 부하 직원은 그중 몇 퍼센트를 기억할까요?"

 50퍼센트라고 대답하는 사람이 있는가 하면 20퍼센트라고 대답하는 사람도 있는데, 실제로는 25퍼센트 정도라는 사실이 여러 조사를 통해 밝혀졌다.

이 이야기를 기대로 바꿔보면 어떨까? 내가 상대방에게 품는 기대치가 100이라 하면 그 기대는 상대방에게 어느 정도 전달될까? 이 또한 마찬가지로 4분의 1, 즉 25퍼센트 정도라 할 수 있다.

이는 인간의 단기 기억 메커니즘과 관련이 있기 때문에 어떤 사람이든 그 비율에는 별 차이가 없을 것이다. 아무리 매력적인 사람이라 하더라도, 아무리 말을 많이 한다 해도 애초에 상대방에게 전달되는 기대의 한도는 25퍼센트 정도라는 것이다.

그러면 한 번 말해서는 모든 기대를 수용하지 못할 수도 있다는 가설을 세울 수 있다. 한 번 기대를 전달할 때 상대방이 수용할 수 있는 범위가 25퍼센트라고 한다면 최소 네 번 기대를 전달해야 100퍼센트에 달할 수도 있다(사실 그렇게 간단한 이야기는 아니긴 하다). 이를 기억해두면 '한 번 말하면 알겠지.'라는 생각이 얼마나 폭력적인지 알게 될 것이다.

다음은 내가 주최하는 연수에서 상대방에게 기대가 얼

마나 적확하게 전달되지 않는지 설명할 때 자주 드는 예시 중 하나다.

어느 휴일에 아내가 점심 식사를 준비하던 중 우유 사 오는 것을 깜빡했다는 사실을 깨달았다. 그래서 거실에서 TV를 보는 남편에게 "여보, 가서 우유 좀 사 올래요?"라고 부탁했고, 남편은 두말없이 지갑을 들고 편의점으로 향했다.

사건은 남편이 집에 돌아왔을 때 일어났다. 남편이 사 온 우유를 보고 아내가 한숨을 쉬며 이렇게 말했다.

"여보, 이거 평소에 우리 집에서 먹는 우유 아니잖아! 게다가 두 개가 필요하다고요. 하나로는 모자라요."

앞에서 아무리 친절하게 말한다 해도 상대에게는 그중 4분의 1밖에 전달되지 않는다고 이야기한 바 있다.

이 부부의 경우 아내가 많은 이야기를 생략했고, 남편은 이를 자세히 확인하지 않고 집을 나와 서로의 기대치가 어긋난, 즉 기대에 부응하지 못하는 사태가 일어날 수

밖에 없었던 것이다. 조금 더 자세히 확인하는 작업이 생략되어 아쉬운 사례다.

다른 예를 들어보자. 이번에는 여덟 살인 우리 집 첫째 딸 이야기다. 하루는 학교에서 사회 수업 중 학교 밖에 나가서 일하는 사람들의 이야기를 듣는 필드워크 field work를 했다. 그날 딸아이가 반 대표로 학교 근처 역에서 역무원을 인터뷰했다기에 이야기를 들어보았다.

> "오늘은 역무원 아저씨를 인터뷰했구나? 역무원 아저씨한테 무슨 질문을 했어?"
> "음, (잠시 침묵이 흐르고) 모르겠어!"
> "기억이 안 나?"
> "사실, 선생님이 질문을 써줘서…. 아, 그 역은 하루에 승객이 몇 명이나 이용하는지 물어봤어."
> "그렇구나. 몇 명이나 이용한대?"
> "기억 안 나."

'굳이 시간 내서 인터뷰했는데 기억이 나지 않는다고?'

의아하다는 생각이 들던 순간, 딸이 갑자기 신이 나서 이야기하기 시작했다.

> "있잖아, 들어봐! 전철은 여러 모양이 있는데 그중 역에 정차하는 전철은 한 종류밖에 없대! 게다가 그 전철에는 한 번에 150명 탈 수 있대."

선생님이 준비해준 질문에 대한 대답은 기억도 하지 못하면서 자기가 관심 있는 건 잘도 기억하는 것이다.

어린아이뿐 아니라 사람은 모두 상대방이 한 이야기 중 자신이 관심 있는 부분만 듣고 기억하게 되어 있다. 같은 이야기를 들어도 같은 영화를 봐도 인상적인 장면이 사람마다 다른 이유도 그 때문이다.

사람은 들은 이야기의 4분의 1밖에 기억하지 못한다. 즉, 상대방은 관심 있는 부분밖에 듣지 않는다. 그러니 상대방이 귀 기울이지 않아서가 아니라 인간의 뇌 구조 때문임을 생각하면 마음이 조금 너그러워지지 않을까? "도대체 왜 내 말을 안 듣는 거야?" 하며 싸우는 일도 피할 수 있을지 모른다.

기대가 어긋나는 것을 막기 위한 대처법에는 여러 가지가 있지만, 일단은 '한 번 말해서는 자신의 기대가 100퍼센트 상대방에게 전달되지 않는다'는 사실을 기억해두자.

기대하는
범위를 설정하라

'핀 포인트 pin point'는 매우 세밀하고 정확한 부분 및 장소를 가리키는 말이다. 예를 들어 지도 위에 '여기' 하고 특정한 장소를 가리키면 그게 바로 핀 포인트다. 매우 미시적인 범위나 특정한 대상을 의미한다.

반면 '레인지 range'는 확장되거나 어느 정도 폭이 존재하는 범위를 가리키는 말이다. 특정한 한 점이 아니라 어느 정도 넓게 퍼져 있는 범위를 말한다. 예를 들어 "이 시간대에 비 예보가 있네." 혹은 "여기부터 여기까지 찾아보자."처럼 핀 포인트보다 범위가 넓다.

나는 전혀 나아질 기미가 보이지 않는 만년 '골린이(골프 초보자, '골프'와 '어린이'를 합친 말 - 옮긴이)'인데, 골프의 경우 공을 정확하게 어느 거리까지, 어떤 위치의 그린으로 올릴 것인지 핀 포인트를 정하고 퍼팅해도 대부분 목표 지점을 벗어나는 곳으로 굴러가 멈춘다. 즉, 핀 포인트로 목표물을 설정하면 기대에서 벗어나는 것이다.

반대로 '페어웨이(fairway, 골프에서 티 그라운드와 퍼팅 그린 사이의 구역 - 옮긴이)' 주변까지만 가도 좋다며 공이 안착할 장소의 범위를 넓히면 일정한 범위 내에서 플레이할 수 있게 된다.

기대에도 이런 레인지를 두어보라는 제안을 하고 싶다. 그리고 레인지 생각법에는 프레임워크framework가 존재한다. 이름하여 '하이 드림high dream, 미들 드림middle dream, 로 드림low dream'이다.

이제부터 자세히 살펴보겠지만, 한마디로 기대를 세 가지 단계로 나누어 생각하자는 제안이다. 이를 순서대로 살펴보자.

• **하이 드림**

하이 드림은 '베스트, 두말할 필요 없는 최선의 길'을 의미하는 기대치다. 가령 이루어지기라도 하면 자기도 모르게 미소가 지어지고 웃음이 멈추지 않는 최고 수준의 기대치를 상정하는 것이 하이 드림이다.

이는 기대 범위의 상한선이다.

• **미들 드림**

미들 드림은 실현 가능성이 높은 기대치를 의미한다. '현재 상황을 고려하면 이 정도 기대치는 적당할 거야.'라고 상정할 수 있는 기대를 가리킨다.

이는 기대의 범위 중 중간 지점에 위치한다. 확률적으로는 미들 드림이 이루어질 가능성이 가장 높다.

• **로 드림**

마지막으로 로 드림은 '최악의 경우'로 대표되는, 기대를 벗어난 결과를 상정한 기대치다. 상대방에게 기대를 걸 때 '기대가 이루어지지 않을 것'을 상정하고 기대를 하는 사람이 있겠나 싶지만 앞으로는 최악의 경우에 대한 시나리오도 상정하길 바란다.

이는 기대 범위의 하한선이다.

이 세 가지 범위 내에서 기대가 실현된다고 가정한다면 기대에 배신감을 느끼는 횟수가 압도적으로 줄어들 것이다.

기대와 직접적으로 관계가 없으나 하이 드림, 미들 드림, 로 드림을 이용한 흥미로운 대화를 공유하고자 한다. 내가 개발한 일상 회화 코칭 기술인 '코칭 닌자' 연수는 일본 전 지역에 점포를 둔 소상공인 체인에서 의뢰하는 경우가 많다. 어느 날 코칭 연수를 검토하던 한 회사의 인사 팀장과 미팅하던 중 이런 이야기를 나누었다.

인사 팀장에게 내가 "코칭 닌자를 도입해 1년 후 이루고 싶은 목표가 있나요?" 하고 물었다.

그러자 "모든 점포의 점장이 해당 연수에 참여해 아르바이트생이나 직원과의 의사소통에 활용할 수 있으면 좋겠어요. 그렇게 되면 의사소통 문제도 줄어들어 직원들이 지금보다 오랫동안 일할 수 있을 테니까요. 그러면 점포를 안정적으로 운영할 수 있겠죠."라고 대답했다.

모든 점장이 코칭 기술을 사용하게 하는 것 자체가 생각보다 어려운 일이긴 하지만 행동을 하나하나 습관으로 만들면 실현 가능성 측면에서 미들 드림 정도 될 것이다. 이처럼 실현 가능성 범위 내로 기대치를 설정하는 것이 미들 드림이다.

"1년 후 어떻게 되어야 더 바랄 게 없다 싶은 마음이 들까요?"

내가 다시 묻자, 그는 입가에 웃음을 띠면서 대답했다.

"글쎄요. 서로 배운 코칭 기술을 이용해 직원들이 꿈을 꾸며 행복하게 일하는 곳이 되면 좋겠네요. 그리고 매장을 찾는 손님들에게 이 에너지가 전해져서 모두가 행복해진다면 더 바랄 게 없겠지요. 손님에게 행복을 주는 매장, 정말 좋은데요?"

이것이 하이 드림이다. 일반적으로 상상하기 힘든 가장 높은 수준의 기대치다.

> "1년 후에 이건 정말 최악이라고 생각하시는 상황이 있을까요?"

인사 팀장은 살짝 씁쓸한 얼굴로 답했다.

> "막상 해봤는데 점장들 평판이 나빠지고 도중에 그만두는 사람이 늘어나는 거겠죠. 그리고 저는 경영진에게 불려가 '연수를 해서 나온 성과가 뭐야? 시간만 낭비하고 말이야!'라고 혼나는 거예요."

이렇게 기대의 하한선, 즉 로 드림을 생각해두는 것 또한 중요하다. 대부분은 자신의 기대에 대해 미들 드림만 생각하고, 하이 드림이나 로 드림에 대해서는 상상조차 해보지 않는 경우가 많다.

하이 드림은 이루어지지 않더라도 상대방과 나의 관계

속에서 기대의 상한선이 어느 정도인지 알아두는 데 유용하다. 그리고 로 드림은 반대로 예상할 수 있는 최악의 시나리오를 알아둠으로써 기대가 이루어지지 않았을 때 발생할 수 있는 최악의 사태에 대비하게 돕는다.

기대에 대해 어떤 결과가 나올 가능성의 상한선과 하한선을 예상해두면 어떤 결과가 나오더라도 '예상 범위' 내에서 받아들일 수 있다. 이제부터 이 방식을 도입해보면 어떨까?

보답을 바라지 말고
기대하라

이번에는 '보답'이란 말에 대해 생각해보자.

기대에 대한 보답이란 무엇일까? 예를 들어 한 회사원이 동료를 위해 자주 업무를 도와주었다고 하자. 일머리 없는 동료를 위해 업무를 나누거나 손이 많이 가는 잡무를 동료 대신 처리해주었다. 그런데 동료는 감사의 말을 하기는커녕 일을 떠넘기기만 하고 어떤 보답도 하지 않는다. 이런 상황을 떠올려보면 이해하기 쉬울 것이다.

혹은 친구가 이사할 때 도움을 요청해 몇 시간이나 걸려 이삿짐 나르는 걸 도와주었다. 그런데 며칠 후 그 친구에게 도움을 요청하자 거절했고, 내가 도와줬던 일은 까맣게 잊은 채 고맙다는 말이나 사례도 일절 하지 않는다. 이러면 '내가 기껏 시간 내서 도와줬더니 고맙다는 말도 없고, 지금이라도 고맙다는 인사를 받아야겠어.'라는 마음이 들지 않을까?

이런 사례는 자기가 제공한 시간이나 노동력에 대해 어떤 형태로든 보답을 받고 싶다고 생각하는 경우다.

> '기대에는 원래 보답이 당연히 따라오는 거 아니야? 보답이 전혀 없으면 기대를 왜 하겠어?'

이렇게 생각했다면 분명 그 생각이 맞다. 회사의 경우 부하 직원에게 '성과'라는 보답을 기대하고 '이 업무를 처리해줄 것'이라 기대한다. 그렇다면 정말 상대에게 보답을 바라지 않는 기대는 존재하지 않는 것일까?

나는 그 대표적인 예로 '덕질'을 든다. 한 가수의 팬으로서 오랜 시간 가수를 덕질해온 열성 팬의 경우다. 그는 자신이 사랑하는 가수에게 보답을 바랄까? 물론 팬 미팅에서 악수를 하거나 사인을 받으면 기쁠 것이다. 그러나 그런 기회가 없다 하더라도 덕질을 그만두지는 않을 것이다. 봉사에 가까운 마음으로 그 가수의 콘서트에 가서 기념품에 돈을 쓴다. 그리고 그 가수가 결혼한다는 소식이 들려오면 실망은 하겠지만, 스캔들이 터져도 (진정한 팬이라면) 결코 '탈덕'하는 일은 없을 것이다.

조금 극단적인 예일지 모르겠지만 대가를 바라지 않는 덕질이야말로 '보답을 바라지 않는 기대'를 가장 잘 보여주는 예가 아닐까 싶다.

바라지 않을수록
마음이 편해진다

우리 집 다섯 살 첫째 아들은 풀에서 첨벙첨벙 물장구 치는 걸 아주 좋아한다. 그리고 물에 들어가 있는 동안 끊임없이 "아빠, 이거 봐." 하며 난리를 친다. 그 모습을 보면 귀엽기도 하지만 내가 잠깐이라도 눈을 떼면 "이것 좀 보라니까!"라며 조르는 통에 나도 모르게 짜증이 나는 순간도 있다. 솔직히 말하면 나도 물에 들어가고 싶어 수영장에 온 것이라 자신을 봐주었으면 하는 아이의 기대에 온전히 응해줄 수는 없다.

이런 귀여운 사례를 포함해 여러분도 이렇게 누군가의

기대에 응하고 싶어도 좀처럼 그러지 못했던 순간이 있을 것이다. 조금 심하게 말하면 상대방의 기대에 부응하기 위해서 인생을 사는 것은 아니니까 말이다.

'언제든 내 기대에 맞춰주니까 저 사람은 좋은 사람이야.'라는 생각은 매우 위험하다. 이처럼 '타인에게 주도권을 넘겨주는 생각'은 인간관계에서 악순환을 불러오고, 그러면 인생을 주체적으로 살지 못하게 된다. 그렇다면 상대방이 나의 기대에 미치지 못했을 때 어떻게 대처하면 좋을까?

나는 이렇게 말하곤 한다.

"자신의 가치관이나 우선순위에 따라 행동하는(살아가는) 상대방이 내 기대에 부응하기까지 한다면 그보다 더 좋은 일은 없다!"

상대방이 기대에 부응하는 걸 '보기 드문 행운'으로 생각하는 것이다. 이런 태도는 설령 기대에 미치지 못하더라도 '뭐, 어차피 그럴 줄 알았어.'라고 생각하게 해준다.

앞에서 이야기했지만, 덕질을 하는 사람은 좋아하는 연예인이나 응원하는 스포츠 팀이 아무리 기대에 미치지 못하더라도 덕질을 그만두지 않는다(그만두는 사람도 있기는 하려나?).

설령 덕질의 대상이 기대를 조금 배신했다 하더라도, '그런 점이 매력'이라며 덕질을 이어간다. 그리고 상대가 기대에 부응할 때 아낌없이 기쁨을 표현한다.

지인 중 한신 타이거스(일본의 프로야구 구단 - 옮긴이) 팬인 남성이 있는데 "한신이 이기나 지나 밥은 잘 먹지만, 이긴 다음 날엔 특히 밥이 더 맛있어."라고 말하곤 한다. 말 그대로 '기대에 부응하면 러키lucky' 그 자체다.

말의 강도를
조절하라

 자기가 좋아하는 스타 또는 운동선수뿐 아니라 일상생활을 함께하는 가족이나 회사에서 매일같이 얼굴을 보는 동료와 상사, 부하 직원에게 항상 같은 마음으로 대하기 힘든 사람도 있으리라 생각한다.

 이런 일상적 관계를 효율성이란 관점에서 보면 '기대에 미치지 못하는 상대방에게 계속 기대하는 건 시간 낭비'라고 잘라 말할 수도 있으나, 현실적인 이야기는 아니다.

 "아니, 작가님. 그렇다 해도 회사 부하 직원과의 관계는 쉽게 끝낼 수 있는 것이 아니잖아요."라는 말이 들리는 듯하다. 그 말이 맞다. 자신의 의지로 관계를 끊어낼 수 없는 상대방에게 기대를 전달할 때 '말의 강도를 조절하는 방식'을 한번 생각해보길 바란다.

내가 코칭하는 외국계 기업에서 있었던 일이다. 회사의 요청은 이랬다.

"부하 직원을 괴롭히는 매니저가 있는데, 코칭을 통해 해결했으면 해요."

인사 담당자는 이에 관련해 "매니저 본인은 자기가 부하 직원에게 하는 행동이 직장 내 괴롭힘이라고 생각하지 못하니까 그 단어는 꺼내지 마세요."라고 부탁했다. 이것 자체가 터무니없는 의뢰가 아닐까 싶은데 말이다.

나는 일단 매니저에게 직접 이야기를 들어보기로 했다.

"매니저님께서는 자신의 리더십 스타일을 어떻게 생각하고 계신가요?"

그러자 이런 대답이 돌아왔다.

"회사에서는 높은 영업 목표를 요구해요. 저 또한 그 목표를 이루겠다고 회사랑 약속했기 때문에 반드시 달성해야 한다는 의지를 다지고 있어요. 따라서 부하 직원에게는 다소 엄격하게 몰아붙이는 면이 있겠죠."

역시 본인도 자신이 엄격하다는 걸 인식하고 있었다. 그래서 나는 부하 직원에 대한 말의 강도를 조정해보자고 제안했다. 그때 나눈 대화를 재현해보면 다음과 같다.

"말씀해주셔서 감사합니다. 이 경우 전달하는 방법을 부드럽게 바꾸면 해결되는 문제 같네요."
"아, 표현의 문제였군요. 어떻게든 목표를 달성하겠다는 의욕이나 부하 직원이 성장하길 바라는 마음에 저도 모르게 말을 세게 하는 경향이 있는 것 같아요."
"그러세요? 그럼 이런 문제가 팀에 어떤 영향을 준다고 생각하시나요?"

"음… 너무 강하게 말하면 부하 직원들이 위축될 수도 있겠네요. 그러면 업무의 질이 떨어지는 역효과가 날 것 같아요."

"맞습니다. 그래서 저희는 부하 직원에게 사용하는 말의 강도를 현재의 절반 정도로 낮춰보면 어떨까 제안하고 싶습니다."

그러자 매니저는 "그렇게 해봐야겠습니다."라며 수긍했다. 그리고 이후에는 부하 직원을 대하는 방법에 변화가 있었던 듯했고, 회사 측에서도 감사하다는 인사를 해왔다.

상대방에 대한 기대의 강도는 전기 스위치처럼 켜고 끄는 것이 아니다. 즉, 100이나 0처럼 극단적이지 않다. 같은 조명이라도 밝기를 조절할 수 있는 LED 조명처럼 스스로 기대의 강도를 조절해야 한다.

기대의 본질은 상대방을 향한 바람이다. 그리고 이 바람을 상대방에게 전달하는 수단이 '말'이다. 그런데 "실패하면 각오해."나 "회사의 운명이 자네에게 달렸어."처럼 강하게 압박하는 말을 사용한다면 역효과를 가져온다. 이런 말은 상대방에게 스트레스를 줄 수 있기 때문이다. 이것은 직장 내 괴롭힘이라고 할 수도 있고, 지금은 그런 행동이 용납되지 않는 시대다.

상대방에게 나의 기대를 전달할 때는 머릿속 LED 조명을 켜고 '이 사람에게는 이 정도 밝기(강도)로 이야기하자.' 하고 생각하면서 상대방에 따라 말의 강도를 달리하는 기술이 필요하다.

기대의 출력은 여러분이 사용하는 말에 따라 얼마든지 조절할 수 있다. 그리고 출력을 결정하는 존재는 바로 우리 자신이라는 것을 잊지 말길 바란다.

> 중급 편

말을 표면적으로
받아들이지 않기

 회사에서 자주 사용하는 말 중에도 주의해야 할 것이 있다. 예를 들어 상사인 부장에게 부하 직원이 이런 질문을 했다고 생각해보자.

 "부장님, 제가 다음 달에는 과장으로 승진할 수 있을까요?"

 여러분이 부장이라면 이렇게 대답할 것이다.

"자네의 현재 업무 실적을 보면 문제없을 것 같아. 사장님도 자네에게 상당히 기대하고 계시더군. 힘내게."

이 말은 언뜻 보면 자연스러운 대화처럼 느껴진다. 그러나 살짝 위험하다. 과장으로 승진 가능한지를 묻는 부하의 질문에 상사가 '할 수 있다, 할 수 없다'라는 해결책을 전달하는 답변을 했기 때문이다.

우리는 본능적으로 상대의 바람에 응해야 한다는 생각에 사로잡히는 경향이 있다. 이것을 얼마나 자제하느냐가 관건으로, 지혜가 필요한 부분이다. '말꼬리를 잡다'라는 말이 있는데, 이는 자기도 모르게 상대의 말을 액면 그대로 받아들이는 습관에서 비롯된다.

부하 직원은 정말 과장이 되고 싶은 것일까? 사람은 처음부터 본심을 말하지 않고 부담 없는 화제부터 꺼낸 다음, 상대방의 반응을 살피면서 본론을 이야기하는 경우가 있다. 처음부터 본질적인 메시지를 전달했다고 생각하면 큰 오해를 낳을 수 있다.

부하 직원이 사실은 이런 상담을 하고 싶었다면 어떨까?

"우리 회사에서는 과장이 되면 급여체계가 바뀌어서 야근 수당이 없어지고 결국엔 실제로 받는 돈이 줄어들어요. 그렇게 되면 당장 생활이 어려워지니 와이프는 다른 회사로 이직하길 권하는데, 저는 가능하면 이 회사에 남고 싶습니다. 그래서 어떻게 하면 좋을지 부장님께 면담을 부탁드리고 싶어서요."

부하 직원이 처음 꺼낸 이야기로는 이런 상담을 하고 싶었을 거라고 추측할 수 없다. 따라서 첫마디에 반응해 앞서나가는 건 위험하다.

그러면 어떻게 해야 할까? 이 문제를 해결하기 위해 빙산을 떠올려보자. 빙산은 바다 위로 노출되어 눈에 보이는 부분의 크기보다 수면 아래 보이지 않는 부분의 크기가 훨씬 크다.

이 대화에서 '첫 문장'은 수면 위에 보이는 빙산의 일각에 지나지 않으며, 정작 말하고자 하는 내용은 수면 아래 보이지 않는 부분이라 할 수 있다. 그래서 첫 문장이 전체를 대변하는 정보가 아니라는 것을 기억하고 더 중요한 수면 아래 숨어 있는 정보를 알아채야 한다.

두 사람의 대화를 다시 한번 예로 들면 "부장님, 제가 다음 달에 과장으로 승진할 수 있을까요?"라고 했을 때 "왜 갑자기 그런 소리를 해. 무슨 일 있어?"라고 말하는 것이다. 미리 추측하지 않고 이야기를 경청하는 자세로 대답하면 상대방이 정말 하고 싶은 말을 할 기회를 주므로, 상대방은 '본심'을 꺼낼 것이다.

그렇다고 모든 대화를 할 때 첫 문장을 듣고 '진짜 하고 싶은 말은 따로 있을 거야.'라며 상상하기란 매우 어려운 일이다. 이때 단서가 되는 것이 상대의 표정과 망설이는 태도다.

앞에서 예로 든 부하 직원의 경우 "제가 과장이 될 수 있을까요?"라는 말을 꺼냈을 때 어떤 표정을 지었을까? 분명 차분한 표정 혹은 웃음기 없는 표정을 띠고 있었을 것이다. 그리고 뭔가 하고 싶은 말이 있는 듯 말끝에 머뭇거림이 묻어 있었을 것이다.

그러나 부장이 컴퓨터나 휴대폰에 시선을 고정하고 귀로만 들었다면 부하의 표정을 눈치채지 못했을 가능성도 있다. 즉, 대화 상대의 말꼬리에만 집중하면 상대방이 진짜 전하고 싶은 메시지를 놓쳐버린다.

나는 이렇게 상대방이 말로 꺼내지 않는 메시지까지 잡아내는 능력을 '이변을 감지하는 능력'이라 부른다. 이 능력을 키우려면 귀로 들어오는 정보뿐 아니라 오감을 활용해서 상대방의 주장을 받아들이는 예민한 안테나를 세워야 한다.

내가 영업직으로 일하던 2000년에 선배에게서 고객의 의향을 물을 때는 고객이 하는 말의 절반만 믿을 것이란 고마운 가르침을 받았다. 이는 고객이 말하는 정보를 지나치게 신뢰하면 좋은 상품이나 서비스를 제공할 수 없다는 뜻이다. 다시 말해 상대방의 말을 의심할 줄 알아야 한다는 의미다.

살짝 부정적으로 들릴지 모르지만, 우리는 상대방의 말을 지나치게 신뢰하는지도 모른다. 상대방의 말을 액면 그대로 믿지 말라는 것은 '지나친 기대는 금물'이라는 결말로 귀결되는 사고방식이다.

참고로 상담할 때 "기대하고 있어요." 혹은 "힘내요."라는 말에 부담을 느낀다는 사람이 많은데, 그런 사람들에게도 도움이 될 것이다. 앞서 말한 대로 상대방은 여러분의 말을 액면 그대로 믿고 대답할 뿐이다. 너무 신경 쓰지 말고 때로는 듣고 흘려보면 어떨까?

그 사람의 입장에서
생각해보기

회사에서 관리직을 맡은 리더나 스포츠 팀 코치가 팀원에게 들으면 뛸 듯이 좋아하는 말이 있다.

"무슨 말씀인지 알겠습니다. 기대에 부응하도록 최선을 다하겠습니다!"

이런 날은 밤에 반주를 곁들여 한껏 즐겨도 좋으련만 (물론, 이건 내 이야기다). 고마운 말에 취한 다음 날 현장에 가보니, 전날 열심히 하겠다던 사람이 막상 일을 시작하고 나서는 열심히 하지도 않고 전혀 기대에 부응하지 않는 쓰라린 경험은 항상 매우 실망스럽다.

그런 일이 반복되는 것이 우리 일상이다. 이때 여러분이라면 어떻게 하겠는가? "자네는 나한테 그렇게 약속해놓고…." 하며 좌절할 텐가?

내가 코칭을 하는 리더 중 부하 직원과 비슷한 대화를 나눈 후 한숨을 쉬며 "약속해놓고 전혀 지키지 않는다니까요."라며 불평을 늘어놓는 사람이 꽤 있다. 그러면 나는 이렇게 조언했다.

"그 사람은 나름대로 최선을 다하고 있다고 생각해보면 어떨까요?"

아무리 노력해도 생각만큼 성과가 나지 않는 일이 있는 법이다. 상사에게 약속했어도 이런저런 사성 때문에 질해내지 못하는 게 일상다반사다. 사람에게는 나름의 사정과 상황이 있는 법이다.

얼마 전 상담을 요청한 리더 중 한 분은 한 브랜드의 전체 부서를 총괄하는 부장이었는데, 과장들이 경영자적 관점을 가지고 업무에 임하지 않는 것이 고민이라고 말했다.

"과장들이야 직장 경험도 풍부하니 젊은 직원들에게 모범이 되도록 활약해주면 좋겠는데, 줄곧 고수해온 방식으로만 업무를 처리하고 새로운 일은 좀처럼 도전하지 않을뿐더러 부하 직원들을 잘 이끌 생각도 없는 것처럼 보여요."

과장들이 부장의 기대에 못 미치는 듯했다.

"과장들이 일부러 부장님 업무를 방해하려고 그러는 것 같으세요?"

내 물음에 그는 이렇게 대답했다.

"에이, 그렇진 않죠."

잘 생각해보면 알 수 있는 사실인데, 누군가에게 불이익을 줘야겠다고 생각해 적극적으로 행동하는 사람은 많지 않을 것이다. 매일 아침 출근길 전철 안에서 '오늘도 상사를 괴롭혀야지. 괴로워하는 얼굴을 보며 숨죽여 웃는 게 최고의 행복이야.'라며 의지를 불사르는(어떤 의미로 열정적인 직원이다) 사람은 없을 것이다. 반대로 '오늘도 열심히 해봐야지.'라는 긍정적인 기대를 가지고 출근하는 사람이 훨씬 많을 것이다.

그렇다. 악의를 가지고 일부러 당신을 괴롭힐 사람은 거의 없다. 즉 상대방은 모든 힘을 최대한 발휘해 도움이 되려고 노력한다. 그것이 여러분의 기대에 미치지 못했을 뿐이다. 상대방의 기대를 고의로 무시하는 일은 거의 일어나지 않는다.

이야기를 나누던 중 그 부장은 이렇게 말했다.

"강사님, 이번 주부터 각 부서 과장들과 이야기해보고 회사와 부서, 그리고 각자에게 부여된 업무에 어떤 기대를 하고 있는지 물어봐야겠어요."

회사로 복귀하는 부장님 얼굴에 웃음이 어렸다.

왜 기대에 부응하지 못하느냐는 질문에 매몰되지 말고, 상대의 사정을 들어라. 이것이 관계를 개선하기 위한 첫걸음이다. 여러분도 꼭 시도해보길 바란다.

약속을
볼모로 잡지 마라

 앞에서 상대의 말을 표면적으로 받아들이지 말라는 이야기를 했는데, 커뮤니케이션에 관해서는 프로 중의 프로인 우리 팀 코치도 무심코 상대방의 말이 진심이라고 믿는 경우가 있다.
 한번은 회사를 세우려는 고객을 대상으로 코칭을 할 때의 일이다.

"강사님, 의욕이 막 생기는데요? 해보겠습니다! 회사를 세우기 위해 예상 고객 100명의 명단을 작성해볼게요!"

흥분이 가시지 않은 목소리였다. 이런 경우에는 나도 의욕이 생기고, 응원하는 마음이 든다.

"좋죠. 명단은 언제쯤 완성될까요?"
"그게, 마음은 지금이라도 당장 하고 싶은데, 오늘하고 내일은 일정이 있어서 모레 정도에 완성할 수 있을 것 같습니다."
"3일 후, 알겠습니다."

이렇게 열정적이었기에 당연히 명단을 만들 것이라 생각해 나의 기대도 부풀었다.

"명단이 완성되면 짧게라도 회신 부탁드립니다."
"당연하죠!"

고객은 이런 이야기를 나누며 열정 가득한 모습으로 강의실을 나갔다. 그런데 약속한 3일 후, 아무리 기다려도 연락이 오지 않았다. 일주일쯤 지났을 무렵에도 연락이 없어 내가 먼저 전화를 했다.

"전에 약속하신 건 혹시 어디까지 진행됐을까요?"
"네? 무슨 말씀이신지…."
"전에 예상 고객 100명 명단을 작성하기로 약속하셨잖아요."
"아! 그거요? 제가 언제까지 한다고 했죠?"
"3일 후에 완성해 연락한다고 하셨어요."
"그랬나요? 요새 갑자기 급한 일이 생겨서, 지금부터 해보겠습니다."

희극 무대였다면 연기자 모두 황당하다는 제스처를 취했을 법한 장면이다. 그렇게도 의욕이 넘치던 고객이 약속을 까맣게 잊어버린 것이다. "열심히 하겠습니다!"라며 힘차게 외치던 말도 "뭐, 한번 해보겠습니다."라고 한껏 의욕이 꺾인 모습이었다.

코치로 함께했던 내 입장에서는 "자기가 회사를 세우겠다고 한 거잖아. 너무 무책임한 거 아니야?"라며 기분이

언짢았다. 그래서 내가 생각해낸 것이 타인과의 약속은 금방 잊어버리는 게 당연하다는 사실이다.

참고로 생각해둘 것이 고객에게 코칭 시간은 그야말로 '특수한 시간'으로, 그 시간이 끝나면 쌓인 메일에 회신하거나 다음 회의 자료를 서둘러 준비해야 하는 일정이 기다린다. 그러다 코칭할 때 나눈 대화의 우선순위는 뒤로 밀려나는 게 보통이다.

나는 상대방에게 기대를 걸 때 "약속했으면서"라는 말을 해서는 안 된다고 생각한다. '약속'을 볼모로 잡아서는 안 된다는 의미다. 상대방이 기대에 부응하지 않았을 경우 "약속했잖아."라는 말을 할 때는 주의가 필요하다. 구두로 한 약속은 상대방의 행동을 통제할 힘이 없다는 사실을 기억해두길 바란다.

하지 않은 데는
나름의 이유가 있다

앞에서 사람은 원래 자신의 성공을 위해서라 해도 약속을 잘 지키지 않는다고 이야기했다. 여기서 조금 더 깊이 들어가보면 약속을 이행하지 않는 데는 사실 '나름의 이유'가 존재한다고 할 수 있다.

여기서 다시 딸아이의 사례를 들어보겠다. 선생님이 교과서 한 부분을 읽어 오라는 숙제를 냈는데, 아빠인 내가 제대로 읽었는지 확인하는 역할을 맡기로 했다. 다음은 책을 읽을 때 딸과 나눈 대화다.

"교과서에서 같은 부분을 몇 번이나 읽는 이유를 모르겠어."
"이 숙제의 의미를 모르겠다는 거구나. 그럼 내일 교과서에서 같은 부분을 반복해서 읽는 의미를 알려달라고 선생님께 여쭤보면 어떨까?"

다음 날 밤, 나는 딸에게 물었다.

"왜 교과서에서 같은 부분을 반복해서 읽는 숙제를 내주시는지 선생님께 여쭤봤어?"
"아니, 안 여쭤봤어."
"그래? 그럴 수도 있지. 내일 물어보면 되겠다."
"알았어."

그리고 다음 날 저녁.

"오늘은 선생님께 여쭤봤니?"
"아니…."

"오늘도 안 여쭤본 거야? 물어보지 않은 이유가 있어?"
"창피해."

나는 내일 물어보겠다는 말을 믿고 기대했지만, 아이 입장에서는 막상 행동으로 옮기려니 용기가 나지 않은 것이다. 약속은 했지만, 아이 나름대로 '할 수 없었던 이유'가 생긴 것이다.

이처럼 기대에 부응하지 못한 상대방에게는 나름의 이유가 있을지도 모른다. 앞에서 예상 고객 명단을 작성하겠다고 약속한 고객도 '막상 명단을 작성하려고 하니 뭐부터 손대야 할지 전혀 모르겠으니 포기해야겠다. 하지만 왜 못했냐고 하면 대답하기 곤란하니 잊어버린 척해야겠다'라고 생각했을지 모른다.

그러니 기대에 부응하지 못했다고 실망하기 전에 상대방의 입장을 조금 더 헤아려보길 바란다.

"갑자기 직원이 한 명 그만두는 바람에 뒤처리하느라."
"갑자기 이직하게 돼서."

사정을 들어보면 할 수 없었던 이유는 많다. 고의로 약속을 깨려는 무례한 사람은 그렇게 많지 않다. 참고로 딸에게 하지 못한 이유를 물은 나는 한 가지 더 질문했다.

"그렇구나. 물어보고 싶었는데 용기가 안 났던 거구나. 이제 어떻게 하고 싶니?"

그러자 딸이 대답했다.

"아빠가 여쭤봐줘."

그래서 '음독(한자를 읽는 방식에는 두 가지가 있는데, 하나는 의미로 읽는 훈독이고 하나는 음으로 읽는 음독이다. - 옮긴이)을 다 했습니다'라는 부모님 확인을 받는 칸에 "이 읽기 숙제를 하는 의미에 대해 알려주세요."라고 써서 선생님에게 보냈다. 그러자 선생님은 A4 한 장 분량으로 이 숙제를 낸 의미에 대한 설명을 써서 보내오셨다.

사실 나도 이런 숙제를 하는 이유가 뭘까 내심 궁금했

기에 선생님이 보낸 답신을 읽고 그 의미를 이해할 수 있었다. 딸아이도 선생님 편지를 읽고 이해했음은 물론이다.

의미도 모른 채 억지로 하는 게 아니라 이유를 충분히 이해하게 됐고, 이유를 물으면 상대방도 대부분 답을 준다는 것을 배우는 좋은 계기였다고 생각한다.

이야기가 살짝 옆으로 샜으나, 상대방이 '기대를 잊어버린 것' 외에 '알고 있었지만 이유가 있어 하지 못하는' 경우도 있음을 기억하길 바란다.

상급 편

원래 기대는
이루어지지 않는다

   원래 세상 모든 일은 기대처럼 되지 않는 법이다. 이렇게 그럴듯한 말을 하는 나도 매일 기대에 배신당해 실망하거나 분개한다. 물론 기대가 이루어지는 때도 있으나 기대를 벗어나는 경우가 많다.

   얼마 전 만난 리더 중 한 분도 "제 커리어는 사실 평범해서 다른 동기들이 미디어에 나오거나 정부 표창을 받고 회사를 세워 성공하는데, 제가 맡은 사업은 회사 내에서 빛도 안 나고 잘 되지도 않아요."라며 씁쓸하게 말했다.

   나는 이런 상황에 처한 리더에게 "오타니 쇼헤이大谷翔平

선수도 타율이 30퍼센트대입니다."라는 말을 자주 한다. 오타니처럼 일류 선수도 타율은 전성기에 30퍼센트대였다. 10타석 중 7타석 정도는 안타를 치지 못하는, 즉 실패한다는 의미다.

    오타니 선수조차 그런데, 기대에 대해서는 기본적으로 다음과 같이 생각하는 것이 타당하지 않을까 싶다.

    기대는 이루어지지 않는 게 당연하다.

    이렇게 생각한다면 '왜 나는 매번 이 모양일까?' 하는 고민을 할 필요 없고, 마음이 편해질 것이다. 어쨌든 잘 안 되는 게 당연한 거니까.

    실제로 경영자를 대상으로 한 코칭에서 이런 이야기를 하면 "그렇군요. 오타니 선수도 타율이 40퍼센트가 안 되는군요."라며 안심하는 분들이 있다. 아무래도 자부심 큰 비즈니스 리더일수록 열 번 타석에 서면 열 번 모두 성과를 내야 한다는 완벽주의 성향이 있을 테니 말이다.

    나는 코로나19 팬데믹 시기에 도쿄 생활을 정리하고 지방으로 옮겨 왔다. 지금 사는 곳에서는 차가 없으면 외출하기 힘들다. 온라인 회의가 연달아 있는 날은 짬을 내서 점심을 먹으려 해도 차가 없으면 외출하기 힘들다.

어느 날은 가본 적 있는 메밀국숫집에 가려고 휴대폰으로 영업 중임을 확인한 후 15분 정도 운전해서 나갔다. 그런데 가게에 도착해보니 "금일 휴무"란 문구가 쓰여 있었다. 정기 휴일이 최근에 바뀐 듯했는데, 홈페이지에는 아직 업데이트되지 않았던 것이다.

이 경우 "왜 원하는 대로 안 되는 거야!", "전화해서 확인하면 될걸, 왜 전화를 안 해서…"라며 자신을 책망하는 말을 쏟아내기 일쑤다. 하지만 이런 생각이 들 때 꼭 "오히려 좋아!"라는 말을 시험 삼아 해보길 바란다. 나의 경우라면 '오히려 좋아! 근처에 안 가본 새로운 식당을 뚫어보자!'라고 생각할 수 있을 것이다.

그리고 그 결과로 근처에 생긴 지 얼마 안 된, 샐러드가 맛있는 이탤리언 레스토랑을 찾아 뜻밖의 발견을 할 수 있었다.

모든 기대는 100퍼센트 이루어지지 않음을 전제로 하

고, 기대가 이루어지지 않았을 때는 사고를 전환해보자. 그럼 오히려 좋은 계기가 됐다고 여기는 '자기 주도적인 삶'으로 바꿀 수 있다. 이런 사고방식이 근거 없이 기대하는 것보다 더욱 유용하다는 점을 기억해두길 바란다.

모든 게 엉망이라는
오해 버리기

"정말 되는 일이 하나도 없어요."

내가 코칭하는 리더 중에는 담당한 사업의 실적이 저조하고, 믿었던 부하 직원이 하나둘 이직하고, 거래처와 문제가 있어 매일같이 고객에게 고개를 조아리는 지옥 같은 나날을 보내는 사람도 많다.

이런 고민을 하는 리더들을 보면 나도 사람인지라 공감이 가서 마음이 아프지만, 코치라는 역할 때문에 이런 질문을 던진다.

"정말 그렇게 생각하시나요?"
"네, 정말 되는 일이 없다니까요!"

리더들이 대답하면, 거기에 내가 한술 더 뜬다.

"그렇군요. 한 점의 의심도 없이 정말일까요?"
"네? 그게 무슨 말씀이세요?"

리더들이 반문할 때면, 해설하듯 이야기하는 것이 정공법이다.

"제 입장에서 생각한 대로 말씀드려도 될까요? 조금 일반화가 지나치다는 느낌이 듭니다. 예외 없이 되는 일이 없다고 하시는데, 그런 경우는 없다는 게 제 생각입니다. 가령 저와의 약속 시간에도 잘 맞춰 오셨고, 요전에 이야기를 나눌 때 부하 직원이 부장님이 자기 상사라 좋다는 이야기를 들었다고도 하셨죠."

그러면 대부분은 이런 대답을 한다.

"그게 아니라, 업무에서 성과가 나오지 않는 게 가장 큰 문제라…."

여기까지 읽었다면 눈치챘을 텐데 여기에는 '극도의 일반화'라는 현상이 작용한다. 앞에서 오타니 선수의 예를 들면 10타석 중 일곱 번 실패했다는 사실을 일반화해 '되는 게 없다'고 한데 묶어 말하는 것을 이야기한다. 분명 여러분도 이런 일반화에 매몰되어 고민하느라 밤을 지새운 적이 있을 것이다.

1장에서 내 지인이 하루에 얼마나 기대하는지 열거했던 일을 이야기했는데, 밤에 잠들기 전 그날 자신의 기대를 떠올려보길 권한다. 그리고 그 기대들이 이루어졌는지, 그렇지 않은지 생각해본다. 노트나 수첩에 써도 좋고, 혹시 침대맡에 포스트잇이 있다면 기대 하나당 한 장씩 쓰고 이를 벽이나 창문에 붙여두고 보는 것도 좋다. 혹은 휴대폰 메모장에 써도 좋다.

이렇게 모인 '오늘의 기대 목록'을 쭉 살펴보고, 하나씩 냉정하게 분석하면 자신의 기대를 더 정밀하게 바라볼 수 있다. 그러고 나서 '오늘의 기대'는 몇 퍼센트 정도 이루어졌는지 객관적인 데이터를 확보하면 자신의 타율, 다른 말로 '기대가 이루어질 확률'을 파악할 수 있게 된다.

이런 연습을 거듭하면 안개 속에 숨은 기대에 배반당하는 추상적 사고방식에서 벗어날 수 있고 기대의 정밀도가 높아지면 '되는 게 하나도 없다.'라고 생각했지만, 생각보다 기대한 대로 이루어진 경우가 많다는 사실을 깨달을 것이다.

거듭 강조하지만, 우리는 매일 수많은 기대를 가지고 살아간다. 이는 내가 경험을 통해 얻은 깨달음으로, 기대가 이루어질 확률은 사실 사람마다 크게 차이 나지 않는다.

사람에 따라 '난 운이 참 좋아.'라고 생각하는 사람이 있는가 하면 '나는 운이 지지리도 없어.'라고 투덜대는 사람이 있다. 온전히 같은 경험을 하더라도 운이 좋다고 생각하는 사람은 '이번 실패를 계기로 운이 좋아질 거야. 정말 행운이야.'라고 생각한다. 반대로 '나는 운이 지지리도 없어.'라고 생각하는 사람은 객관적으로 보면 합격점을 받아도 '아, 나는 역시 되는 게 하나도 없단 말이지'라며 부정적인 방향으로 사고를 틀어버린다. 즉, 같은 결과라도 해석의 차이에 따라 기대를 달성하는 정도가 달라진다.

나의 모토는 '최대한 유쾌하게'인데 코칭 중 수강생이 심각한 얼굴로 "부하 직원 키우기가 참 힘드네요."라는 고민을 이야기했을 때가 특히 이런 유쾌함이 발휘되는 순간이다.

나는 배우 잇코(IKKO, 일본의 메이크업 아티스트 겸 엔터테이너 - 옮긴이) 씨의 말을 좋아해서 이럴 때 그의 말투와 행동을 흉내 내면서 "잊어버리세요."라고 익살맞게 외친다. 심각한 표정을 짓던 수강생도 나의 익살맞은 모습에 자기도 모르게 웃음을 터뜨린다.

"그러게요. 말씀처럼 잊어버리는 게 맞을 수도 있겠어요. 요즘 계속 실망스러운 일뿐이었는데, 이럴 때 포기하지 말고 상담을 통해 부하 직원에게 빠진 부분이 없도록 일정표를 작성하게 하거나 같이 합을 맞추고, 모르는 게 있을 경우 사전에 물어보도록 하면 분명 잘 성장할 거란

확신이 드네요. 아직 성과로 나오지 않았다는 게 더 정확한 표현일 것 같아요."라며 나름대로 상황을 분석하는 건덤이다.

일단 냉정하게 바라보면 '기대 이하'도 '기대 부응'도 '기대 이상'도 객관적으로 측정할 수 있다. 나는 이를 '동전의 양면을 보는 능력'이라 이름 붙였다. 100원짜리 동전의 경우 한쪽에는 100이란 숫자와 발행 연도가 쓰여 있고, 다른 한 면에는 그림과 함께 글자 백 원이 쓰여 있다.

우리는 한쪽만 보고 판단하는 경향이 있는데, 양쪽 모두 똑같이 보고 동등하게 판단하는 능력을 길러야 한다. 이것이 성장의 발판이며 기대의 결과에 좌우되지 않는 '내가 주도하는 삶'의 초석이 되리라 생각한다.

대가 없는 선의에
고마움을 전하라

여기까지 살펴보면서 우리 스스로가 기대에 대해 공평한 판단 능력을 갖추고, '불가능'뿐 아니라 '하면 되는 일'을 깨닫는 건 우리뿐 아니라 상대에게도 도움이 된다는 사실을 깨달았을 것이다.

예를 들어 여러분이 "기대한 만큼 결과가 나오진 않았지만, 나머지 부분에서 많이 노력한 게 보이네."라고 평가하면, 노력한 부분을 알아준다는 것을 상대방도 느끼고 보상받은 듯한 느낌을 받을 것이다.

이전에 한 교통기관 회사에 강의하러 갔을 때 이런 이

야기를 나누었다.

> "저희 일은 일반적으로 '운행표대로 운행하는 것'이 당연하다고 생각합니다. 그런데 시간에 맞춰 운행해도 누구도 고마워하지 않죠. 그러다 1분이라도 늦으면 여기저기서 항의가 들어와요. 이럴 땐 힘이 빠져서 의욕을 갖기 힘들죠."

교통기관이나 통신 등 생활 전반과 관련된 일을 하는 사람들은 기대에 부응하는 게 당연시되고 업무를 100퍼센트 수행하더라도 감사 인사를 받는 일이 거의 없다.

이야기를 들으며 그건 좀 가혹하다는 생각이 들었던 기억이 난다. 상대방의 기대에 부응했음에도 '그게 당연하지.'라는 식의 취급을 받으면 동기를 갖기 힘들다.

이것이 공공 인프라 회사의 시레이므로 자기와 상관없다고 생각하는 사람도 있겠으나 우리도 주변에서 이런 '대가 없는 선의'의 혜택을 보고 있지 않을까? 대가 없는 선의에 감사의 말을 전한다면 상대방도 '기대에 부응하는 기쁨'을 느낄 것이다. 이것이 기대의 선순환을 만드는 원리라 생각한다.

누군가 한 일을 알아차리고 감사의 마음과 함께 따뜻한 말을 건네는 것은 관계 형성에 큰 효과를 발휘한다는 사실을 기억하자.

타인의 기대를
멋대로 착각하지 않기

　소위 '서프라이즈'를 좋아하는 사람이 있다. 선물을 할 때 내용물이 무엇인지 줄곧 비밀에 부치다가 상대를 놀라게 하는 데서 기쁨을 느낀다. 이런 사람은 '상대방이 분명 기뻐하겠지.'라고 기대한다.

　사실 이는 '상대방이 이걸 기대하겠지?'라고 멋대로 착각하는 행위다. 서프라이즈를 좋아하는 사람에게는 슬픈 소식이겠지만 말이다. 이런 서프라이즈에 대한 기대는 당신의 자아$_{ego}$ 혹은 착각이나 기분 탓인 경우가 많음을 기억하자.

당신의 서프라이즈가 상대방에게는 그저 귀찮고 쓸데없는 짓일지도 모르기 때문이다. 그리고 서프라이즈니 당연하겠지만, 애초에 그 서프라이즈는 상대방이 '이렇게 해 달라고' 정식으로 부탁한 것이 아니다.

따라서 생일날 거금을 들여 산 꽃다발을 보내도 상대방은 "나는 꽃가루 알레르기가 있는데" 하는 식으로 비극적인 결과를 맞을 수도 있는 것이다.

내 지인의 일화는 이를 잘 보여준다. 긴자에 새로 생긴 편집숍 매대에서 해외에서 처음으로 수입해 온 독특한 액세서리를 발견했는데, 그중 하나가 아주 멋졌다고 한다. 그래서 '아내한테 깜짝 선물을 해볼까. 디자인도 세련됐으니 분명 좋아하겠지.'라고 생각했다는 것이다. 20만 원이 넘는 가격이었으나 아무렴 어떠냐 싶어 그 액세서리를 사서 아내에게 서프라이즈 선물을 했다. 그런데 액세서리를 건네자, 아내가 화를 냈다는 것이다.

"내가 언제 액세서리 갖고 싶다고 했어요?"
"아니, 그런 적은 없지만 긴자에 갔다 우연히 봐서…."

"이런 디자인을 내가 좋아할 거라 생각해요?"

"그야, 어울릴 것 같아서…."

"필요 없어요. 환불해요."

지인이 정말 멋지다고 생각한 디자인이 아내의 취향에는 전혀 맞지 않았던 것이다. 결국 아내는 질색했고 지인은 '멋대로 기대해버려' 실패하는 귀중한 경험을 했다고 한다.

이처럼 당연하게도 상대방에게는 취향과 가치관이 존재한다. 내가 좋다고 상대도 좋아할 것이라 생각하는 건 엄청난 착각이다.

물론 모든 서프라이즈 선물을 부정하는 것이 아니다. 다만 이를 성공적으로 마무리하기 위해서는 철저한 사전 조사로 상대방의 취향을 파악할 필요가 있다. 이런 준비도 없이 짐작만으로 선물을 준비한다면 상대방의 짜증을 유발할 수 있음을 각오해야 한다.

회사에서도 '이 직원이라면 분명 일 욕심이 많을 거야.'라며 멋대로 부하의 기대를 상상하는 상사가 있다. '이건 부하 직원의 성장을 위해서야.'라며 평소보다 어려운 업무를 줬더니 그 직원은 '회사 업무보다 자기 계발이 중요하지.'라는 가치관을 지니고 있어 회사를 그만두고 말았다고 치자. 능력이 뛰어난 직원이라면 회사로서는 큰 손실이다. 상대의 기대를 멋대로 재단해버리면 이런 비극적인 결과를 맞이하기 쉽다.

나 역시 서프라이즈 선물을 좋아해서 예고 없이 주변에 선물을 주는 경우가 많다. 이때 '마음에 들어 하지 않아도 그 순간을 즐기면 됐지!' 정도의 로 드림과 진심으로 기뻐해줄지도 모른다는 하이 드림을 상정하며 담담하게 임하려고 노력한다. 그러면 쓸데없이 기대에 배신당할 걱정도 없고, 가벼운 마음으로 서프라이즈를 할 수 있다.

POINT

- 기대는 이루어지지 않는 것이 정상이다. 상대방이 기대에 부응해주면 행운이란 마음을 갖자.
- '되는 일이 하나도 없는 사람'은 없기에 기대의 결과를 정확하게 파악해서 정확도를 높여라.
- 하이 드림, 미들 드림, 로 드림 등 세 가지 기대치를 상정해두면 결과에 일희일비하지 않아도 된다.
- 타인의 말이나 약속을 지나치게 신뢰하지 말자. 각자의 사정과 우선순위가 있음을 기억하고 액면 그대로 받아들이지 않는다.

4장 　기대는 줄이고
　　　　관계는 지키는 대화법

상대방과 나의 기대가 이루어져 좋은 관계를 이어가게
하는 것이 이 책의 목적이다. 이를 위해 서로의 기대에
대한 합의점을 찾는 과정이 필요하다. 상황별로 기대를
조절하는 방법과 그럼에도 합의점이 도출되지 않을 때
나를 지켜주는 자기 돌봄 방법을 정리했다.

기대에 휘둘리는 사람의
말버릇

4장의 주제인 '대화법'과 기대에 의존하지 않기 위한 '자기 돌봄self-care' 이야기를 하기에 앞서 한 가지 질문을 던져보겠다. 여러분은 평소 다음과 같은 말을 자주 사용하는가?

- **~했는데**

"제대로 전달했는데."

"해줄 거라고 생각했는데."

- **~일 거야**

"분명 잘될 거야.'

"그 사람이라면 잘할 거야."

- **~해야 해**

"약속은 지켜야 해."

"매출 목표를 반드시 달성해야 해."

- **~가 당연해**

"서비스를 주는 게 당연해."

"성공하는 게 당연하지."

만약 이런 말을 버릇처럼 한다면 여러분은 기대에 지나치게 일희일비하는 '기대 의존형'일 가능성이 있다.

또 어떤 일에 결과가 나왔을 때 다음과 같은 푸념을 입에 달고 산다면 주의해야 한다.

- **형편없군**

"내가 한 말은 전혀 기억하지 못하다니, 정말 형편없는 놈이군."

- **있을 수 없는 일이야**

"목표 매출액을 반도 못 채우다니 있을 수 없는 일이야."

- **말도 안 돼**

"야근해야 할 텐데 개인적 용무로 정시에 퇴근하다니 말도 안 돼."

기대에 대한 의존도가 높을수록 그 기대와 반대되는 결과가 나오면 이런 말이 저절로 튀어나온다.

살짝 '자포자기하는 심정'이 추가된 다음과 같은 말도 실은 과도한 기대의 증거라 할 수 있다.

- **어차피**

"저 사람은 어차피 못할 거라고 생각했어."

- **소용없어**

"몇 번이고 기회를 줘도 못하니 말해봤자 소용없지, 뭐."

- **그럴 줄 알았어**

"결과가 이 모양이라니, 내 그럴 줄 알았어."

모두 언뜻 보면 달관한 것처럼 느껴질지 모른다. 그러

나 애초에 기대 자체를 하지 않았다면 이런 자포자기식의 말은 할 필요가 없다. 따라서 이런 말도 사실 기대에 의존하는 유형의 말버릇이다.

자, 이 중 몇 개나 해당하는가(참고로 나는 정말 많다)?

거듭 말하지만, 이런 말버릇이 있는 사람은 자신의 기대에 대한 의존도가 높은 타입일 가능성이 많음을 알아두자. 바꿔 말하면 '자신의 기대를 통제하지 못하는 사람' 또는 '기대 관리에 미숙한 사람'이라 할 수 있다.

기대는 나쁜 것이 아니다. 그러나 기대에 지나치게 의존한다면 기대와 현명하게 지내는 법을 모르는 사람이라 할 수 있다. 기대에 관련된 비극 중 대부분은 기대에 의존하는 데서 비롯된다 해도 과언이 아니기 때문이다.

기대에 의존하는 말버릇이 있는 사람은 이 장에서 소개할 기대에 의존하지 않게 해주는 대화법과 자기 돌봄을 실행해보길 바란다.

내 기분을 지키는
혼잣말 연습

 본론으로 들어가기 전에 자기 자신의 내면을 들여다보는 시간을 가져보자. 이렇게 자기 내면을 탐색하는 시간을 나는 '자기 돌봄'이라 부른다. 자기 돌봄의 목적은 '스스로 자신의 기분을 살피기' 혹은 '마음을 평온한 상태로 되돌리기'라 할 수 있다.

 이런 시간을 축적하는 것도 중요하고, 앞에서 예로 든 기대에 의존하는 말버릇이 튀어나왔을 때 바로 자기 돌봄 모드로 전환해 내 상태를 바로잡을 수 있다.

 '숨 고르기'는 자기 돌봄 모드로 들어가는 문이다. 일단

숨을 내쉬고 다시 크게 들이마신다. 그리고 들이마신 숨을 다시 뱉는다.

점심때 식당에서 주문한 음식이 나올 때까지 기다리는 시간이나 운전할 때 신호에 걸렸을 때, 역에서 지하철을 기다릴 때, 파스타 면이 익길 기다리는 시간 등이 자기 돌봄을 적용할 수 있는 시간이므로 시험해보길 바란다.

그리고 자기 자신에게 이렇게 물어보자.

"나는 상대방에게 어떤 기대를 하는가?"
"상대방은 나에게 어떤 기대를 하는가?"

기대에 지나치게 의존하는, 앞에서 말한 말버릇이 튀어나오는 순간은 굳이 말하면 흥분 상태에 빠졌을 때라 할 수 있으므로 조금 객관적인 시각으로 자신을 냉정하게 돌아볼 필요가 있다. 자신을 돌아볼 때 사용할 수 있는 질문이 바로 앞의 두 가지 질문이다.

이렇게 자신을 돌아보는 시간을 나는 '자기 대화 self talk'라 부른다. 자기와 대화를 나누는 시간은 인생의 질을 높여주므로 이번 기회를 통해 새롭게 습관으로 만들어보자. 그리고 자기 대화에 어느 정도 익숙해졌다면 다음으로 해야 할 자기 대화는 이것이다.

"그럼, 나는 어떻게 하고 싶은가?"

즉, 여러분의 기대 저 밑에 잠들어 있는 '바람'을 찾는 여정이다. 누군가에게 기대할 때는 상대방과 더 좋은 사이로 발전하고 싶고, 함께 있는 시간을 즐겁게 보내고 싶어서일 것이다. 그리고 같이 성장하고 싶다는 마음이 있을 것이다. 이런 긍정적인 바람을 스스로 깨닫는 단계에 이르렀다면, 자연스럽게 상대방에게 하는 말이나 사소한 뉘앙스까지 느낄 수 있게 될 것이다. 나의 기분을 객관적으로 바라보는 자기 돌봄 시간을 일상생활에서 반드시 활용해보길 바란다.

과도한 기대를 피하기 위한 자문자답

지금까지 자기 대화에 대해 든 예 외에도 상대방에게 요구하기 전 스스로 해보면 좋은 질문을 정리해보았다.

"정말 상대방이 원하는 것이 맞는가?"

앞서 소개한 자기 대화를 이용해 내가 상대방에게 기대하는 바가 무엇인지 알았다고 하자. 그렇다면 이 질문을 던져보라.

"과연 상대방은 '나의 기대'에 대해 나만큼 원하고 있을까?"

이에 대해 자문자답하며 '아무리 생각해도 이 기대는 내 착각이고, 상대방은 별로 하고 싶지 않을 것 같군.' 하는 생각에 이를 수도 있다. 이 질문은 상대에게 무리한 기대를 아무렇지 않게 강요하는 것을 방지할 수 있다.

"상대방의 기대를 확인할 수단이 있는가?"

머릿속으로 생각하는 것은 모두 '추측'일 뿐이다. 실제로 상대방에게 나의 기대를 알고 있는지 묻거나 내가 기대하는 바를 정확하게 알고 있는지 단도직입적으로 확인할 수 있다면 더없이 좋겠으나, 사정상 직접 물어보기 어려울 때도 있다.

이럴 때는 별도로 확인할 수 있는 수단이 있는지 생각해보는 게 도움이 된다. 겹치는 지인에게 묻는 것도 좋은 방법일 수 있고, 상대방과 소소한 대화를 하면서 성향이나 취향을 파악하며 의중을 알아차릴 수도 있을 것이다.

여러분도 자신만의 수단을 만들어보길 바란다. 이때 중요한 것이 추측으로 끝내지 말고, 진실을 알고자 노력하려는 호기심이다.

"만약 기대가 이루어지면 나와 상대방이 얻는 건 무엇일까?"

'상대방이 나의 기대를 충족해주었을 때 상대방은 어떤 기분이 들까?'라는 관점에서 자기 대화를 해보자. 여러분의 기대가 이루어진다면 상대방도 기뻐할까?

나는 가끔 햄버거를 만들 때 이런 생각을 한다. 햄버거는 만들 때는 손이 많이 가지만, 막상 먹을 때는 한입에 베어 물어 순식간에 먹어치울 수 있다.

"수제 햄버거가 먹고 싶다. 그러고 보니, 요전에 만들어줬던 햄버거 정말 맛있었어."라고 하자 상대방이 만들어주었고, 햄버거를 입안 가득 베어 문 여러분은 만족스러울 것이다. 그러나 바쁜 와중에 햄버거를 만든 상대방은 너무 지쳐 웃으며 햄버거 맛을 즐길 기분이 아닐 수도 있다.

이렇게 양쪽의 감정을 상상해봄으로써 기대 전달 방법을 고민하게 되고, 일방적으로 요구하는 실수를 막을 수 있다.

> **"이 기대가 이루어지면 둘의 미래에
> 긍정적인 영향이 어느 정도 있는가?"**

기대는 관계를 개선하는 윤활유로 '바람'을 사용한다. 이때 유용한 자기 대화는 이것이다.

"과연 이 기대가 이루어지면 나와 상대방은 같이 행복해질 수 있는가?", "만약 그렇다면 그 효과는 어느 정도일까?"를 자문자답하는 것이다. 만약 이 질문에 대한 답이 명확히 "아니다."라면 그 기대는 마음속에 조용히 품고 있기를 추천한다.

반대로 두말할 것 없이 "그렇다."라면 자신 있게 기대를 전달해 서로의 관계를 더욱 공고히 하는 경험을 해보길 바란다.

"의심할 여지 없이 100퍼센트 확실한가?"

거듭 말하지만, 우리 머릿속을 맴도는 기대는 사실 정도가 아니라 우리의 감수성이 만들어낸 '망상'의 영역에 불과하다. 그리고 망상은 기본적으로 우리가 좋은 쪽으로 상상할 여지가 충분하다. 이런 망상에 브레이크를 거는 것이 "내 망상이 100퍼센트 옳은가?"라는 질문이다.

앞에서 예로 든 상대방에게 선물을 줄 때처럼 "이 선물을 받으면 상대가 기뻐하겠지?"라는 자기 대화에서 시작해, 선물을 건네기 전에 망상이 더해져 "틀림없이 상대방이 기뻐할 거야."까지 발전한다.

이런 사고방식이 기대에 배신당했을 때 좌절하는 감정을 느끼게 하므로, 부디 선물을 건네기 전 스스로에게 이 질문을 던지고 답해보길 바란다.

"내 생각엔 이 선물을 주면 마음에 들어 할 것 같은데, 이 생각이 한 점의 의심도 없는 100퍼센트 사실일까?"라는 질문을 함으로써 좀 더 냉정해질 수 있을 것이다. '마음에 들어 하지 않을 가능성도 있다'는 선택지를 넣으면 과도한 기대에서 한발 떨어져 객관적으로 생각할 수 있다.

"시간이 지난 후 뒤돌아보았을 때도 후회하지 않을까?"

그리고 마지막으로 소개하는 자기 대화는 '시계열'을 바꾸는 물음이다. 우리가 갖는 기대는 대부분 지금 당장 이루어졌으면 하는 것이다. 당장의 손익계산이나 욕구가 우선시되기 십상이다. 당장의 기대가 아니라, 더 멀리 보고 거시적으로 생각하는 데 도움이 되는 자기 대화를 활용해보길 바란다.

이번에는 기대에 부풀어 흥분한 내가 평정심을 찾게 도와주는 자기 대화에 대해 소개했다. 여러분은 어떤 자기 대화가 마음에 드는가?

　이 자기 대화는 하루를 마무리하며 욕조에 몸을 담글 때나 퇴근길에 카페에 들러 생각을 정리할 때도 활용할 수 있고, 기대에 부풀어 들뜬 자기를 발견했을 때는 잠깐 기대를 멈추고 1~2분 정도 짬을 내 활용할 수도 있으므로 일상생활에서 적용해보길 바란다.

회사에서 오해를 만들지 않는
대화의 기술

상황별로 구체적 사례를 들어 기대치 조절을 위한 대화법을 익혀보자. 먼저, 직장에서 일어나는 상황이다.

애매한 정보를 피하고 구체적으로 전달하라

회사에서 주로 오가는 대화는 마감일이나 매출액 등 구체적인 숫자의 정확한 관리와 관련된 내용이 대부분이다. 이런 높은 정확성이 요구되는 회사지만 어째서인지 기대만큼은 애매한 정성 정보로 전달되는 경우가 많은 듯하다.

가령 "○○ 씨에게 맡긴 이번 프로젝트 기대가 커요!"라며 부하 직원에게 맡긴 업무에 대한 기대감을 나타낼 때도 애매하게 정성 정보로 전달하는 경우가 많지 않은가? 혹은 상사로서 아침 회의에서 인사를 나눌 때 "오늘도 힘냅시다!"라며 대충 마무리할 때가 대부분일 것이다.

이런 방식으로 말하면 받아들이는 부하 직원이나 팀원 입장에서는 "대체 뭘 어떻게 하라는 거야?", "오늘도 힘내라니, 뭘 힘내라는 거야?"라며 곤혹스러워할 수밖에 없다.

내 경우 온라인으로 연수를 진행할 때 화면을 끈 사람이 많으면 "여러분의 얼굴을 보면서 이야기하고 싶어요."라고 가볍게 말하는데, 이 또한 정성 정보다. 대부분이 화면을 켜지 않는다.

이럴 때는 정성 정보를 정량화하라는 앞 내용을 떠올린다. "여러분, 오늘은 특별한 사정이 없으면 얼굴이 보이게 화면을 꼭 켜주세요."라고 명확하게 지시하면 화면을 켜는 사람이 하나둘 생긴다.

이처럼 구체적으로 해야 할 일 혹은 목표 수치나 마감일, 시간을 정확하게 전달하는 것이 비즈니스에 어울리는 대화이므로 기대가 잘 전달되지 않는 것 같은 느낌이 들 때는 의식적으로 정량 정보로 바꿔 전달해보자.

평소 사소한 업무 지시에서도 "이 자료, 가능한 한 빨리 한눈에 보기 좋게 정리해줄 수 있겠나?"가 아니라 "다음 주 월요일 회의에서 사용할 매출 데이터는 이번 주 금요일 오전까지 상품별, 고객별 데이터를 그래프로 만들어주면 좋겠는데, 가능한가?"라고 구체적으로 원하는 바를 설명해보자.

기대가 정확하게 전달됐는지 확인하라

많은 상사가 '정량 정보로 기대를 전달하기만 하면 팀원이 능동적으로 그 기대에 부응하고자 노력할 것'이라 생각하지만, 실은 그렇지 않다.

여기서 여러분이 적용했으면 하는 것이 '기대치 조절'

이라는 콘셉트다. 조금 더 쉽게 말하면 나의 기대가 잘 전달됐는지 확인하는 단계를 잊지 않고 밟는 것이다.

3장에서 아내가 남편에게 우유 심부름을 부탁한 사례를 살펴보았다. 이를 비즈니스에서도 마찬가지로 적용할 수 있다. 기대치 조절이 끝나면 마지막으로 이렇게 묻자.

"오늘 나눈 대화의 핵심을 나에게 다시 설명해줄 수 있겠나?"

롤플레잉 게임처럼 상대에게 순서를 넘기면 상대방은 빠짐없이 대화의 핵심을 설명하려고 노력할 것이다. 상대방이 '이해한 바'를 직접 말해보면서 애매하거나 잘못 이해한 부분을 명확하게 찾아낼 수 있게 하는 것이다. 만약 팀원이 당신이 기대한 바를 제대로 이해했다면 더없이 좋을 것이고, 혹시 잘못 이해한 부분이 있다면 다시 기대를 온전히 전달할 기회를 만들 수 있다. 이렇게 대화에 약간의 요령을 접목해 기대를 조절할 수 있다. 대화할 때 자칫하면 딱딱하게 들릴 수 있으므로 관계를 부드럽게 하기 위해 말투에 살짝 변화를 줘보자.

기대치를 조절할 때 추천하지 않는 말이 있다. 바로 "질문 있나?" 같은 말이다. 이런 말을 들으면 상대방은 잘 이해하지 못했어도 "아니요, 괜찮습니다."라고 대답하게 된다. 질문이 없어서가 아니라 '무엇을 질문해야 할지 모르는 상태'라 할 수 있다. 그런데 물어본 쪽이 '질문이 없다는 걸 보니 잘 이해했나 보군.'이라고 오해하면 첫 단추부터 틀어진다.

'지시하다'와 '맡기다'를 명확하게 구분하라

회사에서 자주 사용하는 기대를 전달하는 표현 중 "이 부분은 자네한테 맡기겠네."라는 말이 있다. 이 말을 들은 팀원은 '아, 전적으로 내 재량에 맡긴다는 이야기구나.'라고 생각해 업무를 시작했는데, 도중에 상사가 "자네한테 맡긴다고 했어도 중간에 보고를 제대로 해야지."라며 제동을 건다. 혹은 결과를 보고하면 "흠, 이렇게 정리하면 회의에서 이사님한테 보고 못 해. 이 부분을 좀 더 보완해."라며 반려한다. 그러면 팀원은 '뭐야, 나한테 맡긴다면서!'라며 불만을 터뜨리게 된다.

이때 기대치를 조절하기 위해 필요한 것이 '반드시 상대방이 해야 하는 업무(지시)'와 '상대방의 재량에 맡길 부분'을 확실히 구분해서 전달하는 것이다.

예를 들어 "이 자료에 1번부터 3번은 꼭 들어가야 하는 내용이니까 나한테 물어보면서 진행해주게. 4번과 5번은 자네 재량에 맡길 테니까 자네가 자유롭게 작성해보게. 다만 진행 상황은 알아야 하니 일주일에 한 번, 나한테 진척 상황을 보고해주면 좋을 듯하네. 어떤가?"라고 명확히 설명하면 상대방도 안심하고 업무를 추진할 수 있을 것이다.

기대가 잘 전달되지 않았을 때 질문하라

회사에서 기대치를 조절할 때 타 부서 사람과 의견이나

가치관이 맞지 않을 때가 있다. 이때 협상 기술로 사용할 수 있는 것이 이 말이다.

"우리가 어떻게 해야 목표를 이룰 수 있을까?"

즉, 상호 기대(바람)가 다르더라도 대립이 아니라 '어떻게 하면 되는지' 타협점에 집중하는 것이다. 양쪽 모두 만족할 수 있도록 균형을 찾아가는 것이다. 이렇게 양쪽 모두 만족할 수 있는 합의점을 함께 생각하면 새로운 아이디어가 떠오르기도 하고, 혁신으로 이어지는 경우도 있다.

병원 침대를 예로 들 수 있다. 병원에서 사용하는 이동식 침대는 두 가지 사실을 바탕으로 탄생했다. 병원에서 위생 상태가 가장 좋지 않은 곳이 바로 침대 주변이라는 조사 결과와 실제로 환자를 침대에서 옮기고 청소하기 곤란하다는 사실이다.

이때 활용한 것이 "어떻게 하면 환자에게 부담을 주지 않고 위생 상태를 개선할 수 있을까?"라는 질문이라고 한다. '침대를 이동할 수 있으면 아래를 청소하기 쉽고, 청결하게 유지할 수 있겠다'는 혁신적인 아이디어가 탄생한 순간이었다.

이처럼 회사에서는 기대치 조절을 위해서 다음 네 가지를 염두에 두길 바란다.

- 애매한 정보를 피하고 구체적으로 전달하라
- 기대가 정확하게 전달됐는지 확인하라
- '지시하다'와 '맡기다'를 명확하게 구분하라
- 기대가 잘 전달되지 않았을 때 질문하라

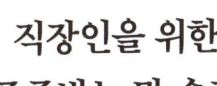

직장인을 위한
존중받는 말 습관

 이번에는 부하 직원과의 상황별 대화법에 대해 알아보도록 하겠다. 회사에서는 무조건 상사가 부하에게만 기대하는 것이 아니다. 부하 직원도 당연히 상사에게 기대하며 회사 생활을 한다.

 내가 만든 말 중 '상사와 날씨는 바꿀 수 없다'란 것이 있다. 그 정도로 부하 직원의 기대를 상사가 이해하고 이루어주기란 하늘의 별 따기처럼 어렵다는 의미다. 이를 전제로 생각대로 되지 않을 때도 활용해보면 좋은 대화법을 살펴보자.

상대방의 기대를 구체화하라

부하 직원이 상사에게 기대하는 상황이 의외로 많을지도 모른다. 예를 들어 '업무 평가를 해줬으면 좋겠다.' 혹은 '현장 상황을 세심히 살펴주었으면 좋겠다.' 등의 기대를 들 수 있다. 그리고 의외로 많은 것이 상사의 일방적인 지시나 피드백에 대해 '처지를 바꿔 생각해줬으면 좋겠다.' 하고 기대하기도 한다.

지인 중 종합병원 순환기 내과에서 일하는 간호사가 있는데 상사와 나눈 구체적인 대화를 들려준 적이 있다. 순환기 내과 일은 사람의 생사에 직접 관여하기 때문에 정확성과 신속함이 요구되는 현장이라고 한다. 이런 현장에서 일하는 지인은 원래 효율성을 요구하는 업무를 처리하는 데 서투르고, 굳이 따지면 의미나 이유가 명확한 일을 하고 싶어 하는 유형이다.

당시 그의 상사는 항상 "시간을 매번 어기네요. 시간 좀 지켜요."라며 지적했다고 한다. 그러면 지인은 항상 '내 입장이 돼서 생각해봤으면 좋으련만⋯.' 하고 속으로 중얼거

리곤 했다.

또 '다른 사람이 놓친 부분을 내가 처리했는데, 그런 것도 알아줬으면 좋으련만…'이라는 기대를 마음속에 품고 있었다고 한다. "일이니까 이해는 하는데, 제 의견도 좀 더 들어주셨으면 좋겠어요."라고 말하는 그의 모습이 인상적이었다. 물리적으로 대책을 마련해달라기보다 마음이나 생각을 알아달라는 것이 그가 본질적으로 기대하는 바였다.

이 지인이 만약 상사에게 "제 입장이 되어보시라고요."라고 말했다면 어떻게 됐을까? 앞에 나온 대화를 떠올려 보면 부정적인 답이 돌아올 것임을 예상할 수 있을 텐데, 다음 다섯 가지 중 하나가 아닐까 싶다.

① "시키는 대로 좀 해요. 일이 많네."
② "내가 한 말을 이해하지 못하겠다는 거예요?"
③ "그게 뭐가 중요해요? 일이잖아요."
④ "또 그 이야기예요? 그만해요."
⑤ "지금 바쁜 거 안 보여요? 나중에 이야기해요."

모두 좋은 대화라 볼 수 없다. 따라서 실제로 기대를 전달하기 전에 필요한 과정은 상대방이 ①~⑤번 중 어떤 말을 할지 예상해보는 것이다. 그런 다음 아래처럼 예상한 대답을 앞에 넣어 이야기해보자.

각 대사를 정리해보면 다음과 같다.

① "지시하신 대로 못 해서 죄송합니다. 다만 제 사정을 조금 들어주시겠어요?"
② "지시하신 말 중 이해가 안 가는 부분이 있는데, 그 부분만 같이 정리할 수 있을까요?"
③ "일이니까 효율이 중요하다는 말씀도 일리가 있다고 생각하는데, 제 개인적인 업무 성향에 대해 상담하고 싶어요."
④ "매번 죄송합니다. 그런데 아직 이해되지 않는 부분이 있어서요. 잠시 들어주실 수 있을까요?"
⑤ "괜찮으시면 면담을 하고 싶은데 언제쯤이 좋으실까요?"

평소에 함께 일하는 동료라면 그 사람이 어떤 타입인지 알 수 있을 것이다. 그 사람이 할 만한 말을 앞에 붙이면 '배려받는 느낌'을 줘서 상대방도 마음을 열게 된다. 그런 만큼 이런 기지를 발휘해보길 추천한다.

행복한 부부가 되려면 지켜야 할 것

부부 사이에서 기대치를 잘 조절하지 못하면 최악의 경우 이혼에 이를 수 있다. 조금 과장일지 모르지만, 매일 대화를 나눠야 하는 부부의 경우 일상생활에서 대화법을 바꾸기만 해도 관계가 훨씬 좋아지므로 한번 시도해보자.

미래 지향적으로 생각하자

부부 사이에서 기대치 조절은 '미래 지향'적인 대화를

전제로 협상하면 좋다. 예를 들어 "우리 부부는 10년 후 어떤 모습을 하고 있을까?"처럼 미래상을 공통의 판단 기준에 맞춰 그려보는 것이다.

나는 미국에서 코칭 기술을 공부했는데, 다니던 학교에서 배운 질문 기술 중 "당신이 죽으면 비석에 어떤 말을 새기길 바라는가?"라는 질문이 있었다.

부부의 경우 비석에 새길 문구와는 조금 다르지만, 미래를 그리며 "금혼식을 할 때쯤 어떤 모습을 하고 있으면 좋을까?"처럼 인생의 기본 방향을 세우고, 기준을 미래에 둔 채 기대치를 맞춰보는 것이다.

"집을 매수할까, 전세로 살까?", "자녀를 어떻게 양육할까?", "맞벌이를 할까? 외벌이를 할까?" 등 눈앞에 놓인 문제나 과제를 어떻게 해결할지 함께 이야기하다 보면 가치관이 대립하기 쉽다. 대신 "나중에 어떤 집에 살면 행복할까?", "아이들과 20년 후 어떻게 지내면 좋을까?", "7년 후에 어떤 라이프스타일을 즐기면 좋을까?" 같은 질문으로 바꿔 앞으로 어떻게 살지에 집중하면 함께 기대치를 맞춰가기 쉬워진다.

문제에 대한 해결책이나 계획보다 미래의 꿈을 그릴 때 사람은 마음이 움직이고, 함께 힘을 합칠 수 있다. 그러니 한평생 같이 살아갈 반려자라면 미래의 꿈을 함께 그려보길 바란다. 분위기 좋을 때 배우자와 함께 이런 이야기를 나눠보면 어떨까?

일상에서 사소한 기대치 조절을 소중하게 생각하라

이번에는 좀 더 민감한 주제를 이야기하는 지혜에 대해 알아보려 한다. 부부라 해도 원래는 남이었다. 서로 다른 가치관으로 각자의 인생을 살아왔기에 더욱 사소한 기대치 조절에 소홀해서는 안 된다.

'탕수육은 소스를 부어서 먹는지 찍어서 먹는지'처럼 사소한 결정부터 서로의 기대치를 조절하는 습관을 들이면 '중요한 결정에서 합의를 봐야 하는 상황'도 잘 헤쳐나갈 확률이 높다.

이혼 경력이 있는 내 경험에 비춰 보면, 일반적으로 이혼하기 직전 부부들은 "내가 회사 일 때문에 힘들 때 이야기도 안 들어줬어요."나 "집을 매매할 때 나랑 상의도 안 했다고요." 등 서로를 탓하는 말을 하는 경우가 많다. 이는 '서로의 기대치 조절에 실패한 상태' 혹은 '전혀 기대치 조절을 시도하지 않은 상태'이기 때문이라 할 수 있다.

부부 문제 상담 전문가인 지인은 결혼 전 남녀 관계에 대해 '함께할 미래에 대한 생각을 합의하는 계약서를 쓰는 단계'라고 주장한다. 이 계약서에는 "수입을 어떻게 관리할 것인가?", "자녀는 몇 명 낳고 싶은가?", "집안일과 육아는 어떻게 분담할 것인가?", "가족 부양 문제가 생겼을 때 어떻게 할 것인가?", "둘 중 한 명이 외도하면 어떻게 할 것인가?" 등 여러 항목이 포함된다. 이를 바탕으로 결혼하기 전에 서로의 생각을 나누고, 항목을 추린다. 그리고 결혼한 후에도 계약서를 정기적으로 업데이트한다. 이렇게 하면 결혼 후 '이럴 줄 몰랐어.'라며 서로 원망하는 것을 피할 수 있다.

또 이를 통해 사전에 기대치를 조절할 수 있어, 결혼 후 가치관 차이로 어려움을 겪을 가능성이 낮아진다. 결혼 계획이 있는 사람이라면 지금 당장 실천해도 좋다. 이미 결혼한 부부라면 서로의 기대치를 맞춰갈 수 있도록 어떤 미래를 만들어갈지 이제부터 허심탄회하게 이야기해보자.

부모와 자식 간에도
아끼며 말하기

앞에서는 부모의 관점에서 자녀의 '기대치 주파수 맞추기'에 대해 말했다면, 이번에는 성인이 된 자녀의 관점에서 부모님과 좋은 관계를 유지하는 방법에 대해 이야기해 보려 한다.

우리 모두 맞다고 생각하라

부모 관점에서 아이에게 무심코 강압적으로 '지시나 명

령조'로 이야기하는 경우가 많아져 나중에는 명령조가 아니면 대화 자체가 안 되기도 한다. 그러나 이러면 자녀와 기대치 주파수를 맞출 수 없다.

설령 자기 대화로 본인의 기대를 확인하고 '장난감 정리하고 빨리 잠자리에 들었으면…' 하는 부모로서의 기대를 그대로 전달하기만 하면 '좀 더 놀다 자고 싶다.'라는 아이의 기대가 무시될 수 있다. 이럴 때는 각자 어떻게 하고 싶은지에 대한 '공통의 기대 찾기'를 해보길 바란다.

예를 들어 "장난감 제자리에 가져다 놓고 방에 들어가."라고 말하는 것이 아니라 "엄마는 이제 장난감 정리하고 잘 준비를 하면 좋겠는데, 우리 둘 다 만족하려면 어떤 방법이 좋을지 생각해볼까?" 같은 대화법(협상)을 적용해보는 것이다.

다만 당연히 아이들은 연령에 따라 부모의 말에 대한 이해도에 차이가 있으므로, 말투는 달리하더라도 상대의 상황이나 입장에 귀 기울인다는 생각으로 고압적인 자세는 버리는 것이 좋다.

원래 아이들은 자아가 비대하기에 자신의 욕망에 따라

"배고파. 저거 먹을 거야!"처럼 기대를 충동적으로 입 밖으로 꺼낸다. 참고로 우리 집에서는 아이들에게 "원하는 바를 말로 표현해도 되지만, 그 후에 바로 '어떻게 생각해?'라고 덧붙이기 하는 게 좋을 것 같은데…."라고 제안해서 실제로 실천하고 있다.

> "배고파. 빵 먹고 싶어! (살짝 주변 눈치를 살피고) 다들 어떻게 생각해?"

'빵 먹고 싶어!'라는 본인의 기대만 전달하면 부모는 "곧 저녁 먹을 건데 지금 빵 먹으면 입맛 없어서 안 돼!"라는 말이 무심코 튀어나온다. 그래서 '어떻게 생각해?'라는 말을 뒤에 붙이니 "빵이 먹고 싶구나? 맛있긴 하겠네. 그런데 곧 저녁 먹을 거니까 지금 말고 나중에 먹으면 좋을 것 같은데 어떻게 생각해?"처럼 부모 특유의 강압적인 톤을 버리고 좀 더 친근한 단어를 선택할 여유가 생겨 말투가 바뀌는 놀라운 변화를 경험했다.

'우리'라는 단위로 생각하는 연습은 여기서부터 시작된

다. "하고 싶어."나 "갖고 싶어." 또는 "싫어."처럼 욕구를 앞세운 말 뒤에 "어떻게 생각해?"란 말을 덧붙여 '다리 놓기 연습'을 하면 가정에 배려 넘치는 대화가 가득할 것이다.

부모의 진심을 파악하라

이번에는 우리가 성인이 되어 부모와 대등해졌을 때 성인 대 성인의 대화법에 대해 이야기해보자.

성인이 되어도 여전히 부모와 자식 관계는 생활 전반에서 지대한 영향을 미친다. 자식에게 거는 부모의 기대를 표현하는 말에는 "빨리 결혼해."나 "정신 차리고 얼른 취직해." 혹은 "아이는 언제 낳을 거니?" 등이 있을 것이다.

본가에 갈 때마다 "결혼은 안 할 거니?" 등의 말로 압박을 받으면 자연히 발길이 뜸해질 수밖에 없다. 이와 같은 부모의 기대에서 합의점을 찾는 핵심은 질문을 통해 상대의 진심을 파악하는 것이다.

"빨리 결혼이나 해."

"왜? 내가 빨리 결혼했으면 좋겠어?"

"생활이 안정되니까."

"왜 생활이 안정됐으면 좋겠어?"

"네 친구들 다들 결혼했잖아."

"그럼 주변 시선 때문이야? 왜?"

"빨리 결혼해야 아기도 낳지."

"손주가 보고 싶은 거네. 왜?"

예를 들면 이런 식으로 되물어보는 것이다. 참고로 부드러운 표정과 말투로 물어야 위압감을 없앨 수 있다.

자녀가 행복하길 바라지 않는 부모는 없다. 겉으로 그렇게 보이지 않고, 평소에 말로 표현하지 않아서 그렇지 마음속으로는 자녀의 행복을 누구보다 바라는 게 부모다. 이런 마음을 말로 표현할 수 있게 만드는 것은 자녀인 여러분의 대화법이다.

내가 추천하는 방법은 '부모님은 원래 본심을 말하지 않는다는 사실'을 기억하고, 반론하지 않는 것이다. 부모님은 처음부터 본심을 말하는 경우가 거의 없다는 것을 기억해두길 바란다. 그런 만큼 부모의 진심을 이끌어내려면 대화를 거듭해야 한다.

따라서 "결혼해라."라는 잔소리를 들으면 그 한마디를 진심으로 받아들여 화내지 말자. '되물어보고 다른 표현으로 바꿔서 그 말의 진짜 의도를 찾아보는 것'이 원만한 관계를 유지하는 방법이다. 그러면 손자가 보고 싶은 건지, 주변의 이목 때문인지, 자식이 행복했으면 하는지 등 부모의 본심을 제대로 읽을 수 있을 것이다.

가까운 친구일수록
단정은 금물

   사적 교류를 하는 친구는 마음이 맞지 않았으면 아예 친해지지도 않았을 것이다. 따라서 서로 기대가 일치하는 부분이 많다. 하지만 그렇기 때문에 더욱 기대치 조절에서 간과하는 부분이 있을 수 있으므로 주의가 필요하다.

기대를 다 아는 것처럼 굴지 마라

'내 친구니까 같은 마음일 거야.'라고 생각하면 '내 기대와 상대방의 기대는 언제나 같아.'라고 착각하기 쉽다. 가령 함께 술을 한잔한 후 '후식으로 라면이 좋겠지?'라고 생각했을 때 상대방도 자신과 똑같을 거라고 여길 수 있다. 그러나 의향을 물어보면 의외로 상대는 "파르페가 먹고 싶어."라고 말할 수 있으므로 무조건 단정하는 습관은 주의가 필요하다.

이를 영어로는 'Are we on the same page?(우리 같은 페이지 읽고 있어?)'라고 표현할 수 있다. 이는 "내 마음 잘 전달됐어?", "우리 같은 생각을 하는 거지?" 정도의 의미로 해석할 수 있는데, 친구 사이에 가볍게 서로의 의향을 확인할 때 돌려 말하는 화법이다. 이런 관용구로 서로의 기대를 확인할 수 있다.

친구와 기대치를 조절할 때 중요한 점은 설령 오래 사귄 친구라 하더라도 상대의 기대를 단정하지 않는 것이다. 즉, 상대의 상황을 제대로 인식해야 한다.

"입가심으로 라면이 당기는데, 어떻게 생각해?"

이에 상대방이 "라면 좋지."라고 한다면 "맛있는 라면 가게를 찾아보자."라며 기쁘게 기대치 조절을 끝낼 수 있다. 혹여 상대가 "내일 일찍 출근해야 하니 오늘은 이쯤에서 마무리하자."라고 답하더라도 실망할 필요 없다. '억지로 맞춰주는 게 아니라서 다행이네.'라고 생각하면 된다.

연인과 감정이 깊어지는
말의 힘

 연인 편에 들어가기에 앞서 준비운동 겸 간단한 질문에 답해보자. 여러분이 지금 이 책을 읽고 있는 장소에서 '빨간색'을 찾아보라.

 어떤가? 이 질문을 들으니 갑자기 빨간색이 잘 보이지 않는가? 이를 컬러 패스 color pass 효과라 한다. 컬러 패스 효과란 특정 색만 강조하고 다른 부분을 흑백으로 처리하는 영상 기법 중 하나로, 시각적 초점을 만들 때 사용하는데 인간관계에서도 일상적으로 나타난다.

 특히 연인 관계에서 '강렬한 호감'이 컬러 패스 효과를 불러 상대의 장점을 더욱 선명하게 부각하면서 긍정적인 면을 중심으로 대화가 흘러가 연애 감정이 깊어지기도 한다. 때에 따라서는 자기의 주장이나 일상적인 취향 등을 '긍정적으로 받아주는 존재'로서의 신뢰감을 높여준다.

그렇지만 이런 순간이 반복되다 보면 상대에 대한 기대치가 커지곤 한다. 결국 둘의 관계에 갈등이 생길 가능성을 아예 배제하는 상태가 되어 '당연히 내 마음과 같겠지.' 하고 자기 멋대로 단정 지어버리는 현상이 일어나기 쉽다.

이런 상태에 빠져 기대치 조절을 하지 않는 건 연인과의 관계가 파탄으로 이르는 지름길과 같다. 그렇다면 연인 사이에서 상대와 기대치를 조절하는 대화법의 핵심에 대해 알아보자.

상대방의 말을 부정하지 마라

연인 사이처럼 편한 관계에서는 별생각 없이 상대방의 말에 "그건 좀 아니지 않아?"라며 면전에서 부정하곤 한다. 이는 부부 사이에서도 마찬가지다. 상대방의 기대가 내 생각과 전혀 다르더라도 이렇게 받아쳐보자.

"그것도 일리 있네."
"그것도 중요한 지점인 것 같네."

쿠션어 cushion 語 [등 받침을 가리키는 영단어 '쿠션(cushion)'과 말을 뜻하는 한자 '어(語)'를 합친 말로, 상대의 기분을 배려해 대화를 부드럽게 하는 완곡한 표현 - 옮긴이]를 넣으면 상대방도 내 기대를 면전에서 부정하지 않고 들어줄 것이다. 또 한 가지, '꼭 들어주길 바라는' 상대방의 기대에 귀 기울이는 태도를 보여주는 것 또한 연인 사이에서 상대방과의 기대치 조절을 원활하게 할 수 있도록 돕는 윤활유 역할을 한다.

데이트 중에는 '체크인'과 '체크아웃'을 기억하라

데이트에서 상대의 기대치를 만족시키기 위해서는 '체

크인check-in'과 '체크아웃check-out'을 기억하길 바란다. 방금 '그게 뭐야?'라는 생각이 스치지 않았는가? 이 단어들은 원래 호텔 같은 숙박업계에서 사용하는 용어인데, 집단 연수 강의에서도 사용하는 '연수 용어'다.

강사가 강의할 때 "오늘 연수에서 뭘 하면 행복해질까요?"라는 질문으로 청중의 의향을 확인하는 것이 '체크인'이다. 반대로 연수가 끝난 후 "오늘 연수에서 무엇을 느꼈나요?"처럼 청중의 감상을 확인하는 것이 '체크아웃'이다. 이는 집단 연수에서 강사가 청중의 만족도를 높이기 위해 반드시 거쳐야 하는 과정이라 할 만큼 잘 알려진 방법이다.

이 방법을 데이트에 활용해보자. 일단 데이트를 시작할 때 "오늘 어떤 데이트를 하면 즐거울까?"란 질문으로 상대방의 기대를 가볍게 확인해보자. 그러면 "활동적인 데이트를 하고 싶어." 혹은 "어제 야근하느라 피곤하니 오늘은 조용하게 보내고 싶어."처럼 그날 상대방의 기대치를 파악할 수 있다.

그리고 데이트가 끝날 때 "오늘 하루 어땠어?"라는 질문으로 상대방의 감상을 확인해본다. 이는 데이트를 마무리하고 집에 가는 길에 문자로 물어도 좋다. 이렇게 하면 그날 데이트에 대해 분석할 수 있고, 다음 데이트에 참고할 수도 있다.

기대를 확인하지 않는 것도 필요하다

연인 사이일 경우 서로가 호감을 느낀 상태에서 함께 시간을 보낸다. 이렇게 서로 애정을 지닌 관계에서 사용할 수 있는 기술이 '역으로 기대를 확인하지 않는 방법'이다.

혹시 '메트로놈 동기 실험'이라는 말을 들어봤는가? 간단히 설명하면 이렇다. 특수한 판을 하나 준비한다. 이 판은 사방에 연결된 끈으로 허공에 매달려 있는 상태다.

판 위에 메트로놈 두 개를 올려두고 각각 다른 박자로 작동시키면, 처음에는 각기 다른 박자로 움직이던 메트로놈들이 시간이 지날수록 비슷한 박자로 동기화되고 결국 같은 박자로 움직이는 현상을 관찰하는 물리학 실험이다.

영상을 직접 찾아보면 좋은데, 메트로놈이 공유하는 판과 진동을 통해 에너지가 전달되어 동기 현상(서로 다른 개체가 상호작용하며 규칙적인 형태를 보이는 물리적 현상 - 옮긴이)이 일어나는 매우 신기한 현상이다.

연인 사이인 경우 이런 식으로 둘만의 시간을 보내면서 상대의 파장에 점점 익숙해지는 효과를 기대할 수 있다. 여러분이 '좋아하니까 같이 있고 싶어.'라는 기대의 메트로놈을 움직이면, 함께 시간을 보내는 상대방도 조금씩 동기화되어 '나도 같이 있고 싶어.'라는 마음이 드는 것이다. 반대로 '정말 나를 좋아할까?'라는 불안한 마음의 메트로놈을 움직이면 상대방 또한 점차 '정말 좋아하는 게 맞나?'라는 불안한 감정에 동기화된다고 할 수 있다. 다소 낙천적인 소리라 할지 모르겠지만 '무조건적인 애정'을 계속 갖고 있으면 상대방의 마음도 점차 이에 동기화되지 않을까?

한 가지 더 강조하면, 좋아하는 상대방과 함께 있을 땐 꼭 자신부터 기분 좋은 상태로 만들어보자. 마지막으로 기억할 것이 있다. 연인과 함께 있을 때 금기어가 있는데 바로 이것이다.

"너, 나 안 좋아하지?"

사람에게는 그 나름대로의 사정이나 타이밍이 있음을 반드시 기억해두길 바란다.

관계를 술술 풀어나가는
커뮤니케이션

 여기까지 관계별로 기대치 조절하는 대화법 요령에 대해 이야기했는데, 상대방에게 내가 기대하는 바를 가장 효과적으로 전달하는 방법을 정리해보자. 이를 바꿔 말하면 '얼마나 상대방에게 부담을 주지 않고 기대를 전달할 수 있을까?'이다.

 가령 어떤 업무를 부탁하고자 할 때 상대방에게 나의 기대를 어떻게 전달해야 할까?

 "기대가 아주 크니까 열심히 해."

이런 옛날식 업무 지시 방식은 오히려 상대방에게 부담을 줄 수 있다. 그럼 어떻게 해야 부담을 주지 않고 상대방의 의욕을 자극할 수 있을까?

내가 자주 사용하는 방법은 다음과 같이 말하는 것이다.

> "이번 일 자네가 맡아주면 좋을 것 같은데, 자네 생각은 어떤가?"
> "이번 일 때문에 골치가 이만저만 아픈 게 아니야. 자네가 도와주면 어떨까?"

물론 거절해도 된다는 말을 덧붙인다. 할지 말지 선택할 기회를 상대방에게 주는 듯한 뉘앙스로 전달하는 것이 핵심이다. 이런 방식은 살짝 다듬으면 비즈니스에서도 활용할 수 있다.

> "이 업무 자네가 꼭 맡아주면 정말 도움이 될 것 같은데, 그렇게 해줄 수 있을까?"

상사가 이렇게 말하며 부탁한다면 누구든 기쁘게 임할 것이다. 특히 해당 업무가 자기가 잘하는 분야라면 더없이 기쁠 것이다. 그리고 또 하나, 중요한 점이 있다.

상대방이 불안감을 느끼지 않도록 기대를 전달할 때는 웃으라는 것이다. 마치 선거에 나온 후보가 지원 유세를 하듯 "꼭 좀 부탁하네."라는 말과 함께 얼굴에 미소를 띠며 기대를 전해보라.

기대에 배신당했을 때
흔들리지 않는 법

기대치를 조절했다고 무조건 기대가 이루어지는 것은 아니다. 자기도 모르게 기대했다가 배신당했을 때 활용할 수 있는 구체적인 방법에 대해 예시별로 살펴보자.

상대방의 성장을 바라고 한 기대에
배신당했을 때

아이나 부하 직원 등 상대방이 성장하길 바라며 기대했

는데, 실망했다면 어떻게 대처해야 할까? 나는 이럴 때 일단 웃어 보이기를 처방한다.

예를 들어 조금 어려운 업무를 맡긴 부하 직원이 "죄송한데, 저는 안 될 것 같습니다."라고 보고했을 때다. "예산이고, 시간이고 다 받았는데 못한다고 말하면 돼?"라며 심각한 얼굴로 대답하면 부하 직원도 위축된다. 이때 '못한다고 말하면 다 되는 거야?'라는 마음을 살짝 누르고 이렇게 말해보면 어떨까?

"그런가? 기대했는데 아직은 무리였나 보군. 괜찮아, 허허."

일단 웃으며 여유를 보여줘라. 여기서 핵심은 "허허" 하고 웃을 것을 추천한다. "훗"은 무시하는 것 같고 "하하하"는 살짝 경박해 보이므로 별로 추천하지 않는다(15년간 관련 조사를 해온 결과 얻은 독자적 분석 결과다).

"허허"라며 웃어넘기면 상대는 자기도 모르게 따라서 웃음을 띠게 된다. 이렇게 심각한 대화를 나누거나 분위기가 좋지 않을 때 일단 "허허" 하고 웃으면 분위기가 좋아진다는 걸 기억하길 바란다. 웃음이라는 완충재를 넣은 후 상대방의 사정을 들어보면 딱딱하지 않고 부드러운 분위기에서 이야기를 나눌 수 있다.

강하게 주입해야 할 생각은 가능하면 유쾌한 분위기를 만들어서 전하는 것이다. 이는 자신의 감정이 부정적일수록 의식해야 할 점 중 하나다.

경험이 있으면서도
여전히 기대에 배신당했을 때

예를 들어 외주로 광고 대행사에 디자인을 의뢰했다고 하자. 지난번 결과물이 좋아서 이번에도 기대했는데, 기대와 전혀 다른 결과물이 나왔다면 어떻게 해야 할까?

대처법은 '지난번 결과는 잊자.' 혹은 '그때는 운이 좋았을 뿐이야.'라고 생각하는 것이다. 지난번에는 우연히 결과물이 좋았을 뿐이고, 이번 기회에 진짜 실력이 드러난

거라 생각하면 화가 덜 나지 않을까?

나는 지난번 실력이 전혀 발휘되지 않고 원점일 때 이 상황을 '슈퍼마리오 게임'에 비유하곤 한다. '모처럼 어려운 스테이지까지 깼는데 중간에 죽으면 다시 처음으로 돌아가네. 하지만 이게 바로 게임의 묘미지.'라고 생각하면 그다지 실망스럽지 않다.

대가를 지불했음에도 기대에 배신당했을 때

최고급 호텔에 갔는데 서비스가 만족스럽지 않을 때, 비싼 광고비를 지불했는데 전혀 효과를 보지 못했을 때 등 대가를 지불했음에도 기대에 배신당했을 경우에는 어떻게 해야 할까? 이럴 때는 '비싼 수업료 냈다.' 또는 '좋은 경험을 했다.' 정도로 생각하면 된다.

믿었던 사람에게 무려 3억 원이 넘는 돈을 사기당한 지인이 있다. 사기 친 사람이 행방을 감추고 연락을 끊는 바람에 망연자실했지만, 불과 6일 만에 자리를 털고 일어난 지인에게 비결이 뭐냐고 물었더니 이런 대답을 했다.

"다른 사람을 탓하지 말고 '그 사람을 믿은 건 나'라는 사실을 인정하면서 나한테 눈을 돌리는 거야. 다른 사람을 너무 쉽게 믿는 것이 내 단점임을 이번 기회를 통해 배웠고, 무엇보다 사람 목숨보다 중요한 일은 아니니 다행이지 뭐. 그리고 이번 경험도 시간이 지나면 훗날 이야깃거리가 될 거야."

다른 사람 탓을 하는 게 아니라 경험했다고 생각하고 교훈으로 삼는다는 말이 인상적이었다. 이를 통해 행복은 눈앞의 일이 아니라 그 일을 어떻게 해석하느냐에 달려 있다는 교훈을 배울 수 있었다.

방심하다가 믿었던 상대방에게 배신당했을 때

부하 직원을 믿고 매출 확대를 맡겼더니 보기 좋게 배

신당하는 경우를 생각해볼 수 있다. 이 경우에도 '믿고 맡긴 건 나'라는 사실을 깨닫고 자기 자신에게 눈을 돌려보자. 그리고 '나의 판단으로 일을 맡긴 것이 원인'이라는 사실을 명심하자.

기대치가 높은
나를 치유하는 자기 돌봄

이번에는 다양한 사례를 통해 대화법을 배워보자. 그리고 마지막에 역시 자기 돌봄 방법에 관해 이야기해보겠다.

다른 사람과 대화를 나눈 후 자기의 컨디션을 최상으로 만드는 것을 습관화하는 게 중요하다. 보통 자기 계발서를 보면 '좋지 않은 결과에 매달려 좌절하지 말고, 지난 일은 잊고 툭툭 털고 일어나 기분을 전환하라'는 식의 말이 종종 등장한다. 하지만 나는 이 의견에 반대한다. 물론 기분을 전환하는 것 자체는 좋은 습관이다. 그런데 그렇게 쉽게 기분을 마음대로 제어할 수 있을까? 그렇지 않다.

이런 사실을 간과한 채 이에 대한 대처법은 제시하지 않는 경우가 많다(그래서 내가 썼다). 현실에서 눈을 돌리고 기분만 바꾸라는 조언은 억지로 기분을 전환해 앞으로 나갈 힘을 얻는 데는 효과가 있다. 그러나 이것만으로는 자기 자신의 감정을 억누른 것일 뿐 실제로 해결되는 것은 아무것도 없다.

이럴 때 나는 결과에 대한 부정적 감정이 느껴지면 모른 척하지 말고 '그 감정을 철저하게 분석하라'고 조언한다. 패배감에 젖은 생각을 잠깐 멈추고, 오히려 부정적 감정을 끈질기게 파고들어보라는 것이다.

이렇게 부정적인 감정을 파고들다 보면 '원래 내가 기대한 게 뭐였지?'라는 근원적인 부분까지 생각이 미치고, 감정이 정리되면 '이래서 이번에 기대가 이루어지지 않았구나!'라는 합의점을 이끌어내 안개가 걷히듯 좌절했던 마음이 차차 가라앉는다.

그러니 현실에서 눈을 돌리고 아무 일도 없었던 척하는 게 아니라, 좌절감을 느끼게 만든 근본적 원인을 제거할 때까지 부정적 감정을 깊이 파고들어보길 바란다.

참고로 나는 이를 '마음속 꼬리잡기 활동' 혹은 '무에서 무를 창출하는 활동'이라 표현한다. 물론 개중에는 한 번에 근원적 감정에 도달하는 경지에 이른 사람도 있을 것이다. 그런 사람은 진정한 의미의 '기분 전환'이 가능한 사람이다. 또 자기도 모르게 지나치게 부푼 거대한 기대가 어그러져 실망했을 때 '나는 처음으로 돌아가기까지 얼마나 걸리는 사람인가'를 파악해두면 매우 유용할 것이다.

바로 앞에서 언급한 큰돈을 사기당한 지인이 6일 만에 자리를 털고 일어났던 이야기를 기억하는가? 지인은 자신이 상대방을 믿었기에 큰돈을 사기당했다는 사실을 확실하게 인정하고 부정적 감정을 끝까지 파고들어 무에서 무를 창조하는 활동을 한 결과 6일 만에 처음으로 돌아가 회복할 수 있었다. 그는 '현실에서 눈을 돌리고 잊어버리는' 방법을 선택하지 않은 덕분에 지금은 웃으며 추억으로 이야기할 수 있게 됐다.

무에서 무를 창조하는 활동을 할 때 효과적인 방법은 사람마다 다르다. 나도 예전에는 혼자 디즈니랜드에 가서 벤치에 앉아 지나가는 사람을 멍하니 바라보며 무에서 무를 창조하는 활동을 한 적이 있다. 처음 보는 가족이 단란한 모습으로 지나가는 것을 보며 나의 부정적 감정을 끝까지 파고들다 '아, 처음에 괜찮았던 마음으로 돌아가고 있어. 이제 좀 괜찮아진 것 같아.' 하며 회복했다.

지나치게 커져버린 기대가 이루어지지 않아서 생긴 부정적 감정을 마주하고, 무에서 무를 창조하는 활동을 할 때는 자신이 어떤 환경에서 마음이 차분해지는지 아는 것이 중요하다. 혼자 떠나는 여행 등 자신에게 맞는 방법을 찾아보길 바란다.

부정적 감정을 놓아주기

기대에 배신당하는 등 부정적 감정과 마주하는 시간을 가지면 분노, 억울함, 후회, 좌절 등 여러 감정이 마음속에 느껴졌다가 사라지고, 다시 느껴졌다 사라지는 상태에 이를 것이다.

조금 전문적으로 이야기하면 '감정이란 생성됐다가 소

멸하는 것'이다. 그리고 영원히 지속되는 감정은 없다. 이런 감정의 특성을 이용해 감정의 변화를 가만히 바라보는 연습이 바로 우리가 아는 명상이나 마음 성찰이다.

우리는 기대에 배신당했을 때 분노, 우울, 불안, 초조 등 여러 감정을 경험한다. 그리고 이런 감정은 의식해서 멈추지 않으면 계속 증식된다. 이를 집착이라 부른다. 이런 감정에 브레이크를 걸 수 있는 것은 바로 자신과의 대화, 즉 '자기 대화'다.

자신에게 다음과 같은 말을 건네보자.

"만약 친구나 부하 직원이 지금 나와 같은 상황을 겪는다면 나는 무슨 말을 해줬을까?"

이렇게 물으면 대부분은 "그럴 때도 있는 거야. 너무 걱정하지 마."라고 말할 거라고 대답한다. 이 대답을 자신에게 해주면 된다. 좀 더 객관적으로 상황을 바라보는 데는 자기 대화가 효과적이므로 활용해보길 바란다.

또 다른 방법도 있다. 부정적 감정을 다루는 자기 돌봄을 이해하기 쉽게 이미지로 만들어보면, 끓어오른 감정을 손으로 낚아채서 꾸깃꾸깃 구겨 휙 하고 쓰레기통으로 골인시키는 이미지다. 자기 돌봄에서는 감정을 버리는 것이 핵심이기 때문이다.

현실을 무시하지 않고, 감정에 지배되지 않으면서, 감정을 손에 쥐고 냉정하게 바라보고 '지금 내 감정이 이렇구나.' 또는 '기대가 이루어지지 않은 이유를 알겠어.'처럼 명확하게 처방을 내린 후 버린다(다시 시작한다).

이 이미지를 머릿속에 떠올리는 것만으로도 효과가 있는데, 혼자만의 시간을 가지면서 실제로 종이에 자신의 감정을 써 내려간 후 마구 구겨 쓰레기통에 골인시키면 더 효과가 좋으므로 꼭 한번 해보길 바란다.

후회나 불안 같은 부정적 감정은 마음속에 가지고 있는 한 절대 사라지지 않는다. 집착하지 말고 천천히 놓아주자. 그리고 부정적 감정이 사라지면 자기 자신을 믿고 다시 도전하자.

타인에 대한 과도한 기대는 상대방에게도 부담이다. 자신에 대한 기대라면 "이 꿈은 아직 이루어지지 않았을 뿐

이야."라며 말에 깃든 힘을 동기로 삼을 수 있다.

　자, 이제 이어지는 마지막 장에서는 기대를 통해 원활한 인간관계를 만드는 방법에 관해 이야기해보자.

POINT

- '기대에 의존하는 사람'에게는 말버릇이 있다.
- 기대치 조절을 위한 대화법
  - 직장에서는 '기대가 제대로 전달됐는지 확인하기', '지시할 부분과 역량에 맡길 부분을 명확히 구분하기'
  - 부부 사이에서는 '미래 지향적으로 생각하기', '평소 사소한 것부터 기대치를 조절하는 습관 기르기'
  - 연인 사이에서는 '상대의 기대를 무시하지 않기', '체크인과 체크아웃이 중요'
- 기대에 배신당했을 때는 '일단 웃기', '다른 사람을 탓하지 않기'
- 자기 자신에 대한 기대가 지나쳐 괴로울 때는 결과에 집중하지 말고 부정적 감정을 끝까지 파고들어보자. 부정적 감정을 버릴 수 있다면 다시 시작할 수 있다.

5장   기대를 이용해
       더 좋은 인간관계 만들기

이것저것 다 해봐도 기대한 대로 이루어지지 않고, 상대방을 탓하며 화나고 우울한 감정이 들었던 경험은 누구에게나 있을 것이다. 오히려 이럴 때야말로 좋은 기회라 생각하고 어떻게 관계를 구축해야 할지 생각해보자. 또 타인의 기대를 부담이라 생각하지 말고, 나 자신을 앞으로 나아가게 하는 원동력으로 바꾸는 방법에 대해 생각해보자.

기대가 깨진 그때
다시 시작하라

나의 기대로 상대방과 기대치 조절도 했고, '좋아, 서로 기대치가 일치됐겠지. 이제 우리가 원하는 미래는 같은 그림일 거야!'라고 생각했는데, 상대방이 그 기대에 제대로 부응하지 않았을 때야말로 상대방과 더 좋은 관계를 만들 수 있는 출발점이라 생각한다. 물론 '기대한 대로 이루어지는 것'이 최고일지 모르지만 말이다.

그러나 인간관계라는 관점에서 보면 기대한 대로 이루어지지 않을 때가 인간관계를 구축할 좋은 기회가 되기도 한다. 예를 들어 회사 상사와 부하 직원이 공통으로 바라는 기대가 '매출 목표 달성'이라 한다면, 설령 서로 논의해서 정한 목표 수치를 달성하지 못했다고 하더라도 상사와 부하 직원이라는 관계가 끝나는 것은 아니다.

오히려 여유롭게 목표를 달성한 부하 직원보다 아쉽게 목표를 달성하지 못한 부하 직원일수록 "다음 분기에는 매출 목표를 얼마 정도로 정해서(기대) 목표 달성을 위해 어떤 부분에서 기여하면 좋을까요?"라며 함께하는 미래를 향해 적극적으로 기대치를 조절하려고 하지 않을까?

작가와 편집자의 관계를 예로 들어보면, 편집자가 어떤 아이디어가 생겼을 때 '이 주제로 책을 쓰려면 그 작가님이 딱인데'라고 기대하며 집필을 의뢰하는 경우를 생각해볼 수 있다. 그런데 작가가 원고를 완성했을 때 편집자가 자신이 기대한 바와 결과물이 달라 수정을 의뢰했다.

이 경우 서로의 기대를 담은 책을 만들기 위해 의견을 교환하고 기대치를 맞추고자 수정을 거듭하다 보면 책의 완성도가 높아질 뿐 아니라 작가와 편집자의 관계가 한층 돈독해질 수 있다.

지친 마음을 다스리는
관계의 기술

나에게 상담을 받으러 오는 고객은 대부분 '기대에 배신당한 채' 찾아온다(아무런 문제가 없다면 애초에 코칭을 의뢰하지도 않았을 것이다).

"제가 아무리 동기를 부여해도 부하 직원이 따라오질 않아요. 어떻게 해야 좋을까요?"

상담에서 위와 같은 고민을 토로하는 사람이 많다. 바꿔 말하면 상대방과 관계 구축의 출발선에 선 사람이 상담하러 오는 것이다. 이런 고민을 하는 사람에게 가장 먼저 어떤 조언을 해야 할까? 구체적으로 다음과 같이 코칭이 진행된다.

> ① 무엇이 문제인지 언어화하기 위해 공을 들여 분위기를 형성한다.
> ② 이야기를 듣고 '상대방이 문제라고 생각하는 점'을 바탕으로 '개선하고 싶은 이상향', 즉 방향성을 확인한다.
> ③ 이 문제에 대해 코치는 이런 조언을 하고 싶은데, 혹시 코치에게 바라는 조언의 방향이 있는지 물어보고 서로의 기대치를 조절한다. 그런 다음 각자 역할 분담을 한다.

물론 이런 상담의 단계적 진행이 나만이 지닌 노하우는 아니다. 상사가 기대에 부응하지 못하는 결과를 내는 부하 직원을 대할 때도 위 단계를 응용할 수 있다.

인간관계에서 명심해야 할 'TTOK 법칙'

'코칭 첫 단계'를 부하 직원 때문에 고민하는 상사의 예에 빗대면 다음과 같은 느낌일 것이다.

> 회사의 기대에 부응하지 못하고 목표를 달성하지 못한 직원의 사정을 듣는 자리를 마련한다. "잠깐 이야기 좀 할 수 있을까?" 등 가볍게 말을 걸어 해당 업무에 관련된 이야기를 꺼낼 수 있는 분위기를 조성한다.

↓

> 상사의 생각을 전달하고 그와 관련해 부하 직원의 의견을 듣는다. "회사에서는 이번 결과에 대해 다소 실망하는 분위기인데, 자네 생각은 어떤가?"라며 회사 입장을 전달하고 상대의 의중을 경청한다.

↓

> 기대치를 조절한다.

다음에는 어떻게 하면 목표를 달성할 수 있을지 의견을 듣고, 상사로서 기대하는 바와 합의점을 도출하는 기대치 조절을 실시한다. 그리고 상사로서 도움을 줄 수 있는 부분에 대해 확인한다. 어떤가? 기대에 미치지 못했더라도 상대와 다시 의기투합해 결과를 낼 수 있을 것 같지 않은가?

나는 이처럼 '상대방의 의견 경청'에 해당하는 단계에서 반드시 필요한 철칙을 가리켜 'TTOK'라 이름 지었다. 의미를 풀어보면 이렇다.

'관심을 기울여(Turn in),

주의 깊게 듣고(Take note),

마음을 열어(Open up) 경청하다(Keep listening)'.

TTOK 법칙이 상대방과의 관계 개선에 도움이 된다는 사실을 기억하길 바란다.

관계 구축은
경청이 먼저다

 상대와 더 좋은 관계를 만들기 위한 TTOK에 몇 가지를 덧붙여보자.

 나는 코치의 기본자세는 '고민을 경청하는 역할'이라 생각한다. 경험이 별로 없고 의욕만 가득한 탓에, 내담자의 말을 차분히 듣기보다는 자신이 말을 더 많이 해서 상담 중 대화가 다른 데로 새거나 내담자의 생각을 듣기도 전에 성급하게 해결책을 제시하는 코치도 있다. 최대한 말을 아끼고 경청하는 것이 코치의 기본자세인데도 이를 놓치는 경우가 있는 것이다.

전문 코치뿐 아니라 최근에는 회사의 리더들에게도 '경청하는 자세'가 요구되고 있다. 집중해서 경청하는 것은 쉬워 보이지만 실제로 해보면 꽤 어렵다. 따라서 무심코 본인이 말을 더 많이 하는 사람은 상대가 이야기를 시작하면 머릿속으로 반드시 '집중하자, 경청하자.'라고 되뇌어야 한다.

> "앞으로 있을 프로젝트에 대한 이야기를 나누고 싶은데, 혹시 이에 관련해서 의견이 있으면 듣고 싶네."

이야기 주제를 전달하면서 물꼬를 터주고 먼저 상대의 이야기를 듣자. 상사가 먼저 의견을 말하면 상대방의 대답을 유도하는 셈이 된다. 자칫하면 본심은 숨긴 채 "저도 동의합니다."라는 말로 끝나버리기 쉽다.

그러므로 상대방의 본심을 듣고 싶다면 동등한 상태에서 상대방이 이야기를 꺼낼 수 있게 만드는 것이 대전제임을 잊지 말길 바란다.

중립의 제스처를
의식하라

　상대방의 말에 TTOK를 적용해 대답한다고 생각해보자. 상대방이 내 생각과 같은 의견을 내면 나도 모르게 "그래? 나도 그렇게 생각했어."라며 자신의 본심을 드러내기 쉽다. 이 '동의하는 맞장구'는 공감을 표현해서 언뜻 보면 바람직한 것처럼 느껴진다.

　그러나 사실 상대방 말에 맞춰 동의하는 맞장구는 부하 직원이 상사가 원하는 답변을 고민하면서 이야기하기 쉬워 그 사람의 본심을 알아보고 싶을 때 방해 요소로 작용할 수 있다.

물론 "제 생각은 좀 다릅니다."라며 '반대의 맞장구'를 칠 때는 논외다. 여기서 오해하기 쉬운 점이 맞장구 자체가 나쁘다고 생각하면 안 된다는 것이다. 의견을 말했는데 상대방이 아무런 반응도 하지 않으면 이야기를 이어가기 힘들다.

그렇다면 어떻게 하면 좋을까? 이때 필요한 것이 '중립의 맞장구'다. 구체적으로는 이런 느낌이다.

"그래? 자네의 의견 잘 들었네."

상대방의 말에 동의하지 않을 때는 이렇게 말하자.

"음, 그렇게 생각할 수도 있겠군."
"오, 새로운 관점이네."

이렇게 부정도 긍정도 아닌 중립의 맞장구는 상대방이 의견을 꺼내는 데 방해 요소로 작용하지 않는다. 상대방은 좀 더 편하게 의견을 이야기하고, 더 많은 정보를 꺼내놓을 것이다. 그리고 상대방의 정보는 많으면 많을수록 그의 기대치가 어느 정도인지 파악하도록 해주는 단서가 될 수 있다.

속마음까지 끌어내는
맞장구 스킬

도쿄의 긴자에 있는 술집을 드나드는 것이 낙이던 일본 쇼와 시대(1926~1989년)는 이제 옛말이 됐으나, 당시 접대부들 사이에서 손님을 기분 좋게 하기 위한 화술의 기본, 맞장구 스킬 '사시스세소'가 존재했다고 한다. 구체적으로는 이렇다.

    사 = "사고방식이 정말 멋져요!"
    시 = "시간이 가는 줄 모르겠어요."
    스 = "스마트하세요. 똑똑함이 느껴져요."

세 = "센스가 정말 남다르세요!"
소 = "소문대로 매력이 넘치네요."

비즈니스에서 기대치를 조절할 때는 반드시 상대에게 아부할 필요는 없을 테니 굳이 사시스세소 스킬이 필요 없을지도 모른다. 그렇지만 상대가 조금 더 마음을 열고 이야기할 수 있도록 맞장구 스킬을 사용한다고 손해를 보는 것은 아닐 테니, 몇 가지 스킬을 익혀두길 추천한다.

"좀 더 자세히 듣고 싶네."
"다른 의견도 더 있나?"
"그 말은 이런 의미인가?"
"그렇다면 이건 어떤가?"
"그래, 더 말해보게."

이런 추임새를 적절히 넣어주면 상대방은 '내 말에 관심을 가지고 있다.'라고 느끼고 자연스럽게 더 깊은 이야기를 꺼내게 된다. 그리고 의견을 나누면서 머릿속이 정리되고 새로운 아이디어가 떠오르기도 한다. 무엇보다 자기 이야기에 귀 기울여준 당신에게 자연스럽게 좋은 이미지를 갖게 될 것이다.

다 안다는 말
대신에

상대방의 본심을 끌어내는 맞장구와 반대로 동의의 추임새처럼 상대가 이야기할 의지를 꺾는 말도 있다. 평소 무심코 악의 없이 뱉기 쉬운 말이므로 주의가 필요하다. 대표적인 예는 다음과 같다.

"그건 다 아는 이야기이고."
"알았어, 알았어."

오랜 기간 코치로 일하다 보니 대부분의 내담자가 안고

있는 고민은 어느 정도 정해진 '패턴'을 보인다는 사실을 깨달았다.

하지만 그렇다고 "아, 그런 고민이군요. 알 것 같네요."라고 말하는 것은 금물이다. 이 말을 듣는 순간 내담자는 '자세히 들어보지도 않고 뭘 안다는 거야?'라고 생각해 이야기할 의욕을 잃을 수 있기 때문이다.

상대방의 이야기를 들을 때는 말을 중간에 끊지 않는 게 특히 중요하다. 상대방이 하고 싶은 말을 충분히 했다고 여겨지면 "더 하고 싶은 이야기가 있을까요? 그럼, 제 의견을 말하겠습니다."라고 허락을 구한 뒤 이야기하자. 사실 이 정도가 부담 없이 대화를 나누기에 가장 좋다.

우리에게는 다른 사람과 이야기할 때 그동안 쌓인 경험으로 어떤 결론이 나올지 가늠하는 능력이 있다. 따라서 설령 상대방이 "지난번 맡긴 업무에 대해 말씀드리고 싶은 게 있는데…"라고 이야기하면 '아, 뭔가 문제가 생겼나 보군.' 하고 감으로 알아차린다.

이때 "뭐? 설마 문제가 생긴 거야? 이제 와서?"라고 앞서서 이야기하면 상대방은 말문이 막히는 느낌이 들게 마런이다.

그러니 상대방의 변명이라도 먼저 들어라. 거기에 상대방의 사정과 전하고 싶은 진심이 담겨 있을 것이다. 말할 의욕을 꺾지 않도록 대화에 여백을 만들어주는 것이 배려다.

상대방의 메시지를 100퍼센트 이해했다고 하더라도 이를 전하기 전에 먼저 그의 말을 경청하라. 그런 다음에 당신의 생각을 전하면 대화의 흐름이 더욱 부드러워지고, 더 깊이 있는 관계로 발전할 것이다.

대화는 항상
긍정적으로 마무리하기

내가 기타를 배울 때 선생님께 들은 음악 작법 이론인데, C코드(도레미파솔라시에서 '도미솔' 화음)로 시작하는 악곡의 마지막을 마찬가지로 C코드로 끝내면 듣는 이는 '음악이 정말로 끝났다'고 여긴다고 한다. 이처럼 음악을 만들 때 '끝을 알리기 위한 음'이 존재한다는 사실에 감탄했던 기억이 난다.

이는 상대와 기대치 조절을 할 때도 적용된다. 그리고 기대치 조절 대화를 나눌 때 '끝을 알리기 위한 말'은 긍정적인 뉘앙스를 풍겨야 한다.

예를 들어 다음과 같은 말로 대화를 긍정적으로 마무리 해보면 어떨까?

"오늘 대화 정말 좋았네."
"오늘 대화 아주 유익했어."

나는 이렇게 긍정적인 뉘앙스로 대화를 마무리하기 위한 말을 '끝맺음의 말'이라 부른다. 이 말을 들은 상대는 '오늘 나와의 대화가 유익했구나. 나도 그랬어.'라며 그날의 대화를 긍정적으로 떠올린다.

다른 이와 대화할 때 우리가 의식해야 할 것은 처음과 끝이다. 특히 대화의 마무리는 인상에 강하게 남는다. 대화에서 마지막만 기억된다 해도 과언이 아닐 정도다. 그러므로 연설이나 강연을 할 때도 처음과 끝에 가장 많은 노력을 기울인다. 이 이론을 이용해서 마무리를 긍정적 뉘앙스로 끝내면 전체 대화의 인상이 긍정적으로 바뀌는 것이다.

사람은 대화의 마무리를 기억한다는 특성을 활용해 여

러분이 '대화를 나누길 잘했어!'라는 마음으로 마무리하며, 서로 기대치를 조절하길 잘했다고 생각할 수 있는 대화의 흐름을 만들어보길 바란다.

때로는 충격을 주는
대화를 즐기자

 먼 지역에서 강연할 때는 비행기를 이용하곤 한다. 비행기를 탈 때 즐거움 중 하나가 '오늘은 착륙할 때 소프트 랜딩soft landing(연착륙, 속도를 줄여 충격 없이 내려앉는 것 - 옮긴이)일까? 아니면 하드 랜딩hard landing(경착륙, 어느 정도 충격을 감당하면서 내려앉는 것 - 옮긴이)일까?' 하고 생각하며 관찰하는 것이다.

 들은 바에 따르면 비행기가 착륙할 때 일부러 충격을 주는 건 안전상의 이유 때문인 경우가 많다고 한다. 특히 활주로가 미끄럽다면 바퀴가 미끄러지지 않도록 지면과 강하게 접지시켜 마찰을 확보하고 제동 효과를 높이기 위해서라는 것이다. 즉, 조종사의 실력 차이가 아니라 상황에 따라 일부러 충격을 주는 착륙을 선택한다는 이야기다.

기대치를 조절하기 위한 대화에서도 우리는 자연스러운 착지를 위해 '말로 다 표현하지 않아도 알아줄 거야.'라고 생각하기 쉬운데, 그러면 진정한 인간관계를 구축하기 힘들다. 때로는 충격을 주는 착지, 즉 하드 랜딩도 필요하다는 생각이 든다.

상대방과 기대치를 조절할 때 "이번 건은 죄송하지만 제가 생각한 방향과 좀 다른 것 같네요."라고 확실하게 의견을 전달해보자. 상대방이 멋쩍어하거나 화를 낼 수도 있으나 그럼에도 자신의 의견을 정확하게 전달하는 건 중요한 일이다. 그러므로 때로는 용기를 내서 하드 랜딩을 시도해보자.

그리고 이 말을 사용해 충격을 완화해보자.

"제 말이 실례가 됐을지 모르지만…"

"좋은 결과를 내고 싶은 마음에" 혹은 "이번 일로 모두 만족할 만한 결과를 냈으면 해서" 등 '의견을 강력하게 피력하는 이유'를 덧붙이면 상대도 분명 이해해줄 것이다.

참고로 우리 집에서는 '부모와 자식의 관계를 더 돈독하게 하기 위해서'라는 이유로 자식과 부모가 진심으로 기대치를 조절하는 경우가 종종 있다.

멀티태스킹은
원만한 관계를 방해한다

여러 작업을 동시에 하는 걸 '멀티태스킹multitasking'이라 한다. 디지털 기기가 필수품이 된 현대사회에서는 밥 먹을 때, 카페에서 시간을 보낼 때, 또는 누군가와 대화를 나눌 때조차 스마트폰을 손에서 떼지 않는다.

그러나 상대가 기대에 대한 이야기를 시작할 때 멀티태스킹은 금물이다. 스마트폰을 가방에 넣어두는 등 무심코 하기 쉬운 멀티태스킹을 능동적으로 제어하면 기대치 조절을 위한 대화는 비약적으로 좋은 방향으로 흘러간다.

우리는 타인과 이야기할 때 의외로 상대의 표정과 행동

을 관찰하고 그 행동으로 상대의 관심 정도나 감정을 추측한다. 상대방과 더 좋은 관계를 맺고 싶다면 이야기할 때 스마트폰이나 컴퓨터에서 잠시 눈을 떼고 따뜻한 미소와 온화한 표정으로 상대방을 바라보며 이야기하자.

"업무 이야기할 때는 컴퓨터 화면을 보며 대화할 때도 있는데요?"라고 물을 수 있다. 물론 그런 상황도 있다. 나도 원고를 집필할 때 누가 말을 걸면 보고 있던 원고에서 바로 손을 떼기 힘들다.

그럴 때는 상대방에게 이렇게 말해보자.

"하던 일 좀 마무리할 테니, 잠깐만 기다려줘요."

이렇게 제안하면 상대방도 흔쾌히 기다려줄 것이다. 반대로 내가 말을 걸어야 할 때는 상대방이 한가해 보이는 시간이나 타이밍을 보며 이야기를 걸어보자.

중요한 이야기의 결론을 내고 싶을 때는 "잠시 시간 괜찮을까요?"라며 장소를 바꿔보길 추천한다. 함께 점심을 먹는다든지, 그게 힘들면 잠시 휴게실이나 빈 회의실로

가서 차분한 분위기에서 이야기를 나눌 수 있다. 이 또한 상대방이 편안해할 것 같은 장소를 미리 생각해두면 좋다. 참고로 나는 코칭하던 중 수강생과 근처 공원을 산책하며 이야기를 나누기도 한다.

기대받는 기쁨을
원동력으로 만들자

일본의 수영 선수 이케에 리카코를 아는가? 이케에는 2018년 아시아 대회에서 여섯 개의 금메달을 따 일약 스타덤에 올랐다. 그러나 2019년에 백혈병 진단을 받고 한동안 선수 생활을 접어야 했다.

그럼에도 이케에는 2021년 일본 선수권 대회에 출전해 보란 듯이 네 종목에서 우승을 거머쥐고 도쿄 올림픽 계영 대표로 선발되며 극적인 부활을 알렸다. 그는 일본 전역의 팬과 미디어의 기대에 부응했고, 본인도 그 기대를 '원동력' 삼아 다시 세계를 무대로 활약하는 모습을 보여주었다.

분명 여러분도 '기대에 부응하는 기쁨'을 느껴본 순간이 작든 크든 있을 것이다. 그럴 때 곧바로 '기대에 부응할 수 있어 기쁘다.'라는 감정을 느꼈는가? 아니면 이런 기대를 부담으로 느끼고 '왜 이렇게 기대하는 거야?'라며 위축됐는가?

원래 누군가에게 기대를 받는다는 건 기뻐해야 할 일인데, 반대로 원망하는 마음이 들고 만다. 그러면 나에게 기대하는 상대방과의 관계도 좋아질 수 없다. 그러니 기대를 받는다는 기쁨을 느끼고, 삶의 원동력으로 바꾸기 위해서는 자기의 마인드부터 바꿀 필요가 있다.

그간 많은 사람을 코칭하면서 얻은 경험에 따르면, 운동선수나 연예인, 사업가라도 팬이나 지지자들의 기대를 원동력으로 바꿀 수 있는 사람은 성공할 확률이 높았다. 지금은 올림픽 대표 선수조차 '자신을 위한 경기'라고 생각하는 분위기가 강하다. 그리고 이런 사고방식으로 선수가 부담을 느끼지 않고 오히려 메달을 따는 경우가 많은 듯하다.

타인의 기대를 부담으로 느끼지 말고, 감사히 받아들이고 이를 잘 이용해 자신이 이루고자 하는 목표를 손에 넣는 원동력으로 바꿔보자. 타인의 기대는 부담이 아니다. 전기나 휘발유, 에너지 드링크처럼 힘을 주는 원동력이다. 기대에 부응하려고 노력하면 설령 결과가 좋지 않더라도 허사가 아니다. 이렇게 생각하는 것이 가능하다면 나에게 기대를 거는 상대에 대해 '힘을 주는 고마운 사람'이라는 감사의 마음만 들 것이다.

나에게 기대를 버리지 않는 감사한 상대를 만나는 건 어쩌면 인생이나 회사 생활에서 평생의 동반자를 만나는 기회이기도 할 것이다. 기대를 이용해 더 좋은 인간관계를 만드는 기본은 나에게 기대하는 상대방에게 감사하는 마음에서 시작되는지 모른다.

자, 나에게 향한 기대를 원동력으로 바꿔 실패를 두려워하지 말고 기대를 받은 이상의 성과를 향해 날려보자!

POINT

- 상대방이 기대에 미치지 못했을 때야말로 그와 더 좋은 관계를 구축하는 출발점이다.
- 관계 구축은 일단 경청하는 것에서부터 시작하라.
- 상대방이 속마음을 터놓을 수 있게 하는 "좀 더 자세히 들려주게." 혹은 "더 하고 싶은 이야기가 있으면 해보게." 같은 추임새를 활용하라.
- "그건 다 알아."나 "알겠어, 알겠어."라는 식의 말은 사용하지 않는다.
- 중요한 대화를 할 때 '흘려듣기'는 하지 않는다.
- 타인의 기대를 부담이라 생각하지 말고 감사한다.

나오며

서로를 기대하고
응원하는 마음으로 살아가기

여기까지 읽어준 독자 여러분께 감사드린다. 여러분이 소중한 사람과 심리적 거리를 좁히고, 좋은 관계를 만들기 위한 기대치 조절은 어땠는가?

앞에서도 말했듯 아무한테도 기대하지 않고, 누군가에게서도 기대받지 않는 세상은 매우 삭막하고 재미없을 것이다. 문제는 '상대에게 너무 많이 기대하는 것'이다. 그리고 '타인의 기대를 버거워하는 것'이다. 만약 기대하는 사람은 '적당히 기대'하고, 기대를 받는 사람은 '타인의 기대에 감사하는' 마음을 가질 수 있다면 어떻게 될까? 기분

좋게 상생하는 관계가 되어 기대가 서로의 성과를 높여주는 상승효과를 만들어낼 수 있을 것이다.

나는 이 책의 앞부분에서 기대의 본질은 바람이라고 말한 바 있다. 이렇게 기대에 대한 조언을 마무리하는 지금, 기대의 본질에는 '상대를 응원하는 마음'도 담겨 있음을 깨달았다.

우리는 상대방에게 기대하면서 응원을 보낸다. 서로가 기대하고, 응원한다. 그리고 누군가 나의 '가능성'에 기대를 건다. 이런 세상이 되면 인간의 가능성은 폭발적으로 확장될 것이란 생각이 든다.

부디 기대를 자유자재로 활용하는 개척자가 되어보길 바란다.

이 책 서두에 언급한 "기대는 모든 비극의 근원이다."라는 셰익스피어의 명언을 기억하는가? 물론 이 말도 일리는 있다.

그러나 이 책의 마지막 페이지를 덮으며 기대와 함께

현명하게 살아가는 법에 대해 알게 된 지금, 여러분에게 다음과 같은 말을 선물하며 이 책을 마무리하고자 한다.

"기대는 모든 창조의 근원이다."

― 하야시 겐타로

옮긴이 한주희

어문학을 전공하고 일반 대학원에서 국제지역학을, 통번역 대학원에서 일본어 통번역을 공부했다. 졸업 후 공기업 인하우스 통번역사를 거쳐, 현재 전문 통번역사로 활동하며 통번역대학원에서 학생들에게 번역을 가르치고 있다. 옮긴 책으로는 『영업 1년 차의 교과서』 『심리학 아는 척하기』 『돌의 사전』 『논문 쓰기의 기술』 『이 세상을 살아가는 철학』 『어른의 습관』 『결국 잘되는 사람의 말버릇』 등이 있다.

혼자 기대하고 상처받지 마라

초판 1쇄 발행 2025년 7월 18일

지은이 하야시 겐타로 **옮긴이** 한주희

발행인 윤승현 **단행본사업본부장** 신동해
편집장 김예원 **파트장** 김보람 **책임편집** 강혜지
디자인 최희종 **교정교열** 이정현
마케팅 최혜진 이인국 **홍보** 허지호
국제업무 김은정 김지민 **제작** 정석훈

브랜드 갤리온
주소 경기도 파주시 회동길 20
문의전화 031-956-7351(편집) 031-956-7089(마케팅)
홈페이지 www.wjbooks.co.kr
인스타그램 www.instagram.com/woongjin_readers
페이스북 www.facebook.com/woongjinreaders
블로그 blog.naver.com/wj_booking

발행처 ㈜웅진씽크빅
출판신고 1980년 3월 29일 제406-2007-000046호
한국어판 출판권 © ㈜웅진씽크빅, 2025

ISBN 978-89-01-29568-8 03190

- 갤리온은 ㈜웅진씽크빅 단행본사업본부의 브랜드입니다.
- 저작권법에 의해 한국 내에서 보호를 받는 저작물이므로 무단 전재와 무단 복제를 금지하며, 이 책 내용의 전부 또는 일부를 이용하려면 반드시 저작권자와 ㈜웅진씽크빅의 서면 동의를 받아야 합니다.
- 책값은 뒤표지에 있습니다.
- 잘못된 책은 구입하신 곳에서 바꾸어드립니다.